प्रजा का अमूर्तन

प्रभाकर श्रोत्रिय

वाणी प्रकाशन का लोगो
विख्यात चित्रकार मकबूल फिदा हुसेन
की कूची से

ISBN : 81-8143-544-3

वाणी प्रकाशन
21-ए, दरियागंज, नयी दिल्ली-110002
द्वारा प्रकाशित

प्रथम संस्करण : 2006

आवरण : वाणी चित्रांकन
जय भारत प्रिंटर्स, दिल्ली-110032
द्वारा मुद्रित

मूल्य : 150.00

PRAJA KA AMURTAN
by Prabhakar Shrotriya

पूज्य दादा डॉ. विश्वनाथ श्रोत्रिय एवं

सौ. भाभी सरला श्रोत्रिय

को

आमुख

'सौन्दर्य का तात्पर्य' 'समय का विवेक' 'समय समाज साहित्य' और 'सर्जना का अग्निपथ' के क्रम में प्रस्तुत है 'प्रजा का अमूर्तन।' इस निबंध-संकलन को भी अपने पाठक को सौंपते हुए मुझे संतोष है क्योंकि प्रकाशित होते वक्त पाठकों ने इन आलेखों को जितनी उत्सुकता और रुचि से पढ़ा उतने ही आग्रह से इन्हें एकत्र पाना चाहा।

कहने को तो ये 'नया ज्ञानोदय' के संपादकीय हैं, परन्तु इनका संबन्ध संपादन-कर्म से अधिक लेखन-कर्म से है। 'संपादक' ने सिर्फ इतना किया कि समय के गतिशील प्रश्नों, भयों, चिन्ताओं, घटनाओं, उपलब्धियों में से किसी सार्थक सामयिक विषय का चयन किया और उसे 'लेखक' को सौंप दिया। 'लेखक' ने सूचना और इतिवृत से निकाल कर उसे रचना का घर दिया, जहाँ अंतर्वृत्ति, चेतना, संवेद, सरोकार, संदर्भ, मनन, विश्लेषण, भाषा, शिल्प, रंग-छटाओं से उसे पोषण और शायद लावण्य भी मिला—यानि जो भी लेखक के घर में रचना के संभव उपादान और आत्मीय संसार था। वही सब 'संपादक' ने पाठक को दिया। आलेख पढ़कर एक विचक्षण और बीहड़ लेखक ने यह लिखकर मुझे चकित कर दिया कि ये 'संपादकीय, आलोचना और रचना की अच्छी देख-रेख और पहरेदारी कर रहे हैं। इस सिलसिले में साहित्य की एक विधा ही सामने आ गई है।' आगे वे लिखते

हैं—'मेरे हिसाब से निबंध के विकल्प के रूप में इस सात्विक विधा का आपने आविष्कार किया है।'

मुझे नहीं लगता कि ये छोटे-छोटे आलेख इतने सघन गुण-सूत्रों का बोझ सहने लायक हैं; और सात्विक कहाँ से हुए? इनमें कड़वाहट कम नहीं। और क्यों न हो? क्या हमारे समय की राजनीति, धर्म, बाजार, कानून-व्यवस्था और परिवेश में किसी सात्विकता का जन्म संभव है? किसी भी विचारशील मनुष्य को इन स्थितियों में भयानक हताशा और विकलता से गुजरना होता है; और जहाँ तक नई विधा के अन्वेषण का सवाल है मुझे नहीं मालूम कि मैंने किसी विधा को गढ़ने या अन्वेषित करने की चेतना से कुछ लिखा हो। हाँ, किसी निहित स्वार्थ या व्यक्तिगत रागद्वेष या जमाने की हवा का अंदाजा लगाकर पिछलग्गू लेखन जैसा लाभदायी धंधा विधाता ने मेरी किस्मत में ही नहीं लिखा। इसे अब आप जो भी नाम दें—सात्विकता या मूर्खता। वैसे संपादक को मिली शक्ति का दुष्प्रयोग किसी भी स्तर पर उपनिवेशवाद ही कहा जाएगा जिसका विरोध हम आयेदिन करते हैं, और लेखक के नाते इसके कटु अनुभव मुझे हैं। खैर, विषय की प्रासंगिकता, सार्थकता, उसकी यथाशक्ति अभिज्ञता, उससे संवेदनात्मक सरोकार और बौद्धिक जुड़ाव मेरे संपादकीय की मूल वस्तु रही है और संप्रेषण के लिए अभिव्यक्ति का कठिनतम संघर्ष उसकी जिजीविषा। क्योंकि किसी भी रचना का जीवन उसके संप्रेषण की सामर्थ्य में निहित होता है। वह दरअसल पाठक क़ा पक्ष है जिसे मैं कभी अपने संपादक और लेखक से जुदा नहीं कर सका; अन्यथा मेरे जैसा आलोचनात्मक लेखन में डूबा व्यक्ति संपादन के दौर में प्राय: स्थगित लेखन की कुण्ठा से ही जड़ हो जाता।

बेशक संपादकीय निबंधों ने मुझे बहुत बड़े पाठक वर्ग की आत्मीयता दी, मेरे भीतर समकाल की बहुमुखी चेतनता को उकसाया, या कहूँ—जन्म दिया; तरह-तरह की जटिलताओं और सूक्ष्मताओं की समझ दी; युवा सर्जना के सान्निध्य से मेरा बासीपन झड़ा और सबसे बड़ी बात कि भीतर का रचनाकार जिन्दा रह सका। संपादक पर पाठक का यह उपकार क्या

कम है? इसी दौर में मैंने फिर से जहाँपनाह (नाटक), मेघदूत : एक अंतर्यात्रा, शमशेर बहादुर सिंह, नरेश मेहता जैसी रचनात्मक और आलोचनात्मक कृतियाँ लिखीं जिन्हें मैं अपने लेखन में कमतर जगह नहीं देता। फिर यह काल मेरे अनुपस्थित लेखन का काल कैसा हुआ—जैसा मित्रों का आरोप है? वैसे भी समय के व्यापक और बहुमुखी सरोकारों से जुड़ना सामूहिक सर्जना में सहयोगी होना, अपने आप में कम सौभाग्य नहीं।

आज से पहले अपने संपादक और लेखक के अंतर्संबन्ध और किसी हद तक अंतर्विरोध को समझने का अवसर नहीं मिला। आज जब प्रसंगवश यह कोशिश कह रहा हूँ तो मुझे लगता है कि जैसे मैं अपनी रचना-प्रक्रिया को देख रहा हूँ। विचित्र महाभारत है यह। एकओर है तात्कालिकता का आग्रही संपादक तो दूसरी ओर है तात्कालिकता सहित हर अभिज्ञान को भीतर बुनता और गुनता तन्मय लेखक, जिसे अभिव्यक्ति के परमक्षण का इन्तजार होता है। उसे न सूचना देना है न बयान। उसे चीजों के अंतर्अथ तलाशना है, उन्हें प्रतीकवत्ता देना है ताकि वे व्यक्ति, घटना, स्थिति के घेरे से छूटकर प्रवृत्ति, चेतना, संवेदना आदि का वृहत्तर और कालों में अंतरित होने वाला तात्पर्यार्थ वहन कर सकें। फिर भी अगर ये आलेख अंतर्विरोधों और अंतर्संबंधों के बीच थोड़ा बहुत सामंजस्य स्थापित कर सके हों तो मैं पलभर को राहत की साँस ले सकता हूँ।

जिसे हम अनुभूति और अभिव्यक्ति कहते हैं, वह व्यक्ति की प्रकृति पर भी निर्भर है। पत्रकार और लेखक की प्रकृति में इनकी स्थिरता और त्वरा को लेकर भेद है। इसीतरह ग्रहण के प्रयोजन, गुण और परिमाण में भी।

सवाल यह उठ सकता है कि पाठक की इतनी बात करते हुए मैंने इस संकलन का शीर्षक 'प्रजा का अमूर्तन' जैसा जटिल क्यों रखा? इसलिए कि मैं इससे सरल पदावली में इसे नहीं रख सकता था। वास्तव में प्रजा एक संबंधवाली शब्द है जो राजा से लगाकर किसी भी तरह के मालिक का प्रतिअर्थ रच सकता है—यानि वह एक सामान्य व्यक्ति है जो कहीं न कहीं

शासित और अधीन है। किसी वक्त प्रजा को राजा पुत्र मानता था, जबकि आज समूची राजसत्ता और विभिन्न प्रकार की आर्थिक-सामरिक सत्ताएँ उसके विरुद्ध चिंघाड़ रही हैं, या अपने कर्तव्यपरक संबन्ध से अपरिचित उसे सर्वथा उपेक्षित और निरर्थक बना रही हैं। अमूर्तन शब्द मैंने मुख्यत: आज की चित्रकला से उधार लिया है, जहाँ वह सीमा के अतिक्रमण, अंनत विस्तार, अर्थ की बहुस्तरीयता आदि को सूचित करता है, जबकि यहाँ उसका प्रयोग प्रजा के निरर्थक हो जाने या उसका संज्ञान न लिए जाने के अर्थ में किया गया है। महँगाई आसमान छू ले, किसान और गरीब आत्महत्या करलें, माफिया जुल्म करे, स्त्रियों से बलात्कार हो, बच्चे अपढ़ रहें—सत्ता को जैसे इन सबसे कोई मतलब नहीं, क्योंकि उसके लिए प्रजा अस्तित्वहीन,अमूर्त सी कोई भीड़ है। मौके पर, स्वार्थ के लिए थोड़ी सी कीमत देकर उसे बहलाया जा सकता है; सीढ़ी बनाकर सत्ता पर चढ़ कर उसे गिराया जा सकता है। यह 'प्रजा' अपने अर्थविस्तार के कारण पूँजीपति देशों के लिए गरीब देश भी हो सकते हैं और हर प्रकार की अधिनायकी के लिए उसकी मातहती भी। इन सभी विषयों को इन निबंधों में छुआ गया है।

आज बाजारवाद का चरित्र भी सत्ता का चरित्र है। एक तरह से वही सत्ताओं को संचालित कर रहा है। उसके लिए भी जनता बेमानी है। अभी कुछ समय पहले ही चीज के अच्छी होने के साथ सस्ती होने का प्रचार किया जाता था, फिर कहा गया—बस थोड़ी ज्यादा कीमत, पर माल बढ़िया। आज साफ-साफ कहा जाता है 'सस्ता नहीं, अच्छा।' इसी तेज क्रम से जनता खारिज हुई है। विद्वान लोग इतिहास, उपन्यास, महाकाव्य, विचार सबकी मृत्यु-घोषणा कर चुके हैं, लेकिन इस बीच अगर कोई मरा है तो वह साधारणजन है। यहाँ संकलित लेख 'खारिज होता जन' में आप इस तिलस्म की एक झलक पा सकते हैं।

हमारी राजनीति, आर्थिक स्थितियाँ, वैज्ञानिक उपलब्धियाँ मीडिया इस बीच प्राय: सामान्य जनता से दूर या उसके विपक्ष में रहे हैं। यह ग्राफ बढ़ता ही जा रहा है। ऐसे में सकारात्मक सोच (पॉजिटिव थिंकिंग) का नारा वे ही दे सकते हैं जो अघाए हुए हैं और बहुसंख्यक जनता को कोई

अफीम, कोई धर्म, भाग्यवादी मरहम या ऐसी सीख देते हैं जिनसे शोषण और अन्याय के विरुद्ध उसके आक्रोश को ठण्डा किया जा सके।

फिर भी विचार के क्षेत्र में समूची निराशा को स्थाई जगह देना मानवीय भविष्य के प्रति अनास्था है। इसलिए ऐसे अँधेरे माहौल में यदि रोशनी की एक किरण या शमशेर के शब्दों में 'एक किरन-कन' दिखाई पड़ी तो उसे भी रेखांकित किया गया। यह सच है कि अँधेरे और प्रकाश की लड़ाई आज विपुलता और सूक्ष्म के बीच है—तब भी उस सूक्ष्म की तलाश और उसे बल पहुँचाना जरूरी है।

संपादकीय के अंतर्गत लिखे मेरे आलेख अक्सर साहित्येतर विषयों पर होते रहे हैं, परन्तु इस बीच मीरा की पंचशती, निर्मल वर्मा और अमृता प्रीतम के निधन के कारण इन रचनाकारों पर ज्ञानोदय के संपादकीय लेख भी यहाँ शामिल किये गये हैं।

अन्तिम दो लेख संपादकीय नहीं है, है परन्तु संपादकों के आग्रह पर लिखे गये है। इनमें कोलकाता की 'एक अकेली ज़िन्दा शाम' को मैं अपने तईं एक यादगार लेख मानता हूँ जो अगर एक युवा संपादक न लिखवाते तो नहीं लिखा जाता। संपादक की प्रेरणा और आग्रह से लेखन का क्या संबन्ध है इसे भी आप यहाँ देखेंगे तो इस पुस्तक को एक और अर्थ मिलेगा।

—**प्रभाकर श्रोत्रिय**

ए-601 जनसत्ता सहकारी आवास
सेक्टर-9 वसुंधरा
गाजियाबाद-201012

अनुक्रम

इस दौर में

यह दौर अश्लीलता को आभामंडित करने का है। मंडी के रूप में दुनिय. का 'मण्डलीकरण' करनेवालों के इरादे समाज, साहित्य, कला, मीडिया वगैरह की मण्डलियों में भी फलते-फूलते नजर आ रहे हैं। दुनिया के परिवारीकरण की बात तो छोड़िए, इन स्थितियों ने लगातार सिमटते परिवारों में, यहाँ तक कि व्यक्ति के भीतर भी दरार डाल दी है। घरेलू जीवन से मर्यादा, सहिष्णुता, प्रोत्साहन, विकास की एक अदद जमीन भी खिसकती लग रही है; क्योंकि आक्रामक बाजार घर में टीवी, संगणक, पत्र-पत्रिकाओं और भाँति-भाँति के उपकरणों के जरिए घुस आया है और अपनी हरकतों से एक प्रकार की पारस्परिक दूरी बढ़ा रहा है। अश्लील सी.डी. और ब्लू फिल्मों ने ही नहीं, इंटरनेट, वेबसाइट और मोबाइल ने भी व्यक्ति को 'अकेला' कर दिया है और उसका 'एकान्त' छीन लिया है। सेक्स से बोझिल अश्लीलता की यह जुर्रत कि कोई स्त्री की आँख में पेंचकस घुसा देता है तो कोई हथौड़े से उसका सर फोड़ देता है, पिता और पुत्री के बीच अवैध सम्बंध परिवार और दुनिया के सारे शील पर स्याही पोत देते हैं। ये किस हिसाब से अग्रगामी दुनिया के अवदान कहे जा सकेंगे? स्त्रियों की कथित हमदर्द और प्रगतिशील सोच की पत्रिकाओं में गरीब और मजबूर स्त्री-दलन के अश्लील किस्से आत्म साक्षात्कार हैं या दिखावटी बौद्धिक

समाज का ऐसा निर्लज्ज प्रदर्शन जिसपर भ्रमवश ही सही, अब तक भी साधारण जनता का विश्वास बना हुआ है। परन्तु उसके दुश्चरित्र का एक उदाहरण भी सारे बौद्धिक और सर्जक समाज को अविश्वसनीय बना देता है, जैसे एक सर्प की आशंका से सारे वनांचल की यात्रा ही भयाक्रांत हो जाती है। आश्चर्य है कि जिन संस्थाओं का उत्तरदायित्व समाज को धारण करने का है—वे ही उसके विखंडन पर तुली हैं, मानो नैतिकता की धज्जियाँ उड़ा देने से बड़ा साहस अब कोई रह नहीं गया है। यह साहस राजा बाहुबली से लगाकर ब्लूफिल्म निर्माता और एम.एम.एस. प्रेषकों तक में है।

साहित्य और कलाओं का सृजन सृष्टि को सबसे बड़ा वरदान है। इसे हमेशा पूजनीय जगह दी गई है। भरत के नाट्यशास्त्र में नाट्य मंचन से पहले पूजा का विधान है। आज भी नृत्यकार, संगीतकार मंच की धूल सिर पर लगाकर उसपर चढ़ते हैं। क्योंकि साहित्य और तमाम कलाएँ समाज का दर्पण भी हैं और उसे आगे ले जाने की एक संकल्पना भी। जनसंचार माध्यम भी एक बड़ी दुनिया की पहचान के साथ एक अच्छी दुनिया का स्वप्न है। कला सिर्फ नकारात्मक और एकांगी नहीं होती—वह दर्पण भी है और दृष्टि भी। आप दर्पण के नाम पर दृष्टि को निरस्त नहीं कर सकते। विकृति की वकालत करता हुआ व्यक्ति पहरुआ होना तो दूर इंसान तक रहने का हक खो देता है।

अश्लीलता को जब भी आभामंडित किया जाता है या जिम्मेदार समझे जानेवाले लोग उसकी तरफदारी में खड़े हो जाते हैं और उसे नैतिकता का पर्याय बनाने की होड़ में उतर आते हैं तो उन्हें शायद पता नहीं होता कि यह कितने-कितने रूपों में संक्रामक कीटाणुओं की तरह समाज में फैल जाएगी! सरकारी धन जुटाने के लिए शराब का खुला बाजार और अपने 'प्रोडक्ट' को बेचने के लिए शारीरिक कामुकता का प्रदर्शन, अपने अपने ढंग की दोनों ही अश्लीलताएँ हैं (वैसे दोनों का नाभिनाल संबंध भी है)। दोनों के कारण गरीब गुरबों के घर तबाह होते हैं और खासकर स्त्रियाँ असह्य यातनाएँ झेलतीं हैं—वे तो संभ्रांतों की तरह घर से अलग भी नहीं हो सकतीं, वहीं रहकर जिन्दगी की मार खाया करती हैं।

पिछले साल कुछ बड़ी दुर्घटनाएँ दुनिया में घटीं : एक तो यही कि इराक पर आक्रमण का अमेरिका में तीव्र विरोध होने पर भी चुनाव में बुश की जीत हुई। यदि चुनाव में भ्रष्टाचार न हुआ हो तो यह अमेरिकी लोकतांत्रिक चेतना पर प्रश्नचिन्ह लगाती है। दूसरी दुर्घटना यह हुई कि भारत में कई जगह (या सर्वत्र) शराब का व्यापार उन्मुक्त हो गया, जिसके विरोध में गाँधी आधी शती तक लड़ते रहे। उनके बलिदान को हमने इस तरह से भी व्यर्थ किया! साहित्य जगत में एक भयानक अप्रत्याशित दुर्घट यह घटा कि कुछ दलित-साहित्य नेताओं द्वारा गरीबों के मसीहा प्रेमचंद की पुस्तकों को जलाया गया। और संस्थागत तथा गैरसंस्थागत आतंकवाद का ग्राफ और ऊपर उठा। जहाँ तक सूचना प्रौद्योगिकी का सवाल है, उसमें व्यावसायिकता और बढ़ी जिसके कुपरिणाम होना ही थे।

अश्लीलता मात्र एक दैहिक प्रकार नहीं है। यह सब तरफ भाँति-भाँति से फैली है। मसलन एक टी.वी. चैनल की दैनंदिनी लें—सबसे पहले उद्घोषणा/ फिर अनेक प्रायोजक...। आगे समाचार—तू तू मैं मैं/फिर क विज्ञापन.../ समाचार—बलात्कार/ फिर विज्ञापन की पुनरावृत्ति / समाचार—हत्या, दुर्घटना/ फिर कई विज्ञापन/ समाचार—सदनों में हंगामे/ फिर बम्पर विज्ञापन/फिर समाचार—पुलिस बनी चोर/ फिर छह विज्ञापन/ फिर समाचार—खेल (मतलब क्रिकेट और क्रिकेट की राजनीति)/फिर अनेक विज्ञापन/ फिर समाचार—कोई सड़ी सी बात पर राजनीतिक पूँजीपतियों के व्यक्तिगत या घर-परिवार के विवाद/ फिर विज्ञापन ही विज्ञापन../ फिर समाचार—खिचड़ी और जुगाड़/समास्टिट्यून के साथ किसी अगले विस्फोटक समाचार की घोषणा कि इन्तजार करें, कहीं न जाइए देवियो और सज्जनो की हिदायत के साथ विज्ञापन...फिर विज्ञापन सार-संक्षेप। अगर फिल्म का प्रदर्शन हो रहा हो तो डेढ़ घण्टे की फिल्म में तीन घण्टे का विज्ञापन। 20 मिनट के धारावाहिक के बीच दस विज्ञापन पचास बार! और धारावाहिक भी क्या? अपराध, खून, जासूसी या भद्र समाज के ताम-झाम। पहले विज्ञापन साहित्य, कला को बेचने के लिए होते थे, अब विज्ञापन को बेचने के लिए फिल्म, धारावाहिक चलाए जाते हैं। जो

सट्टा किसी जमाने में अपराध था, वह बहुतायत से टी.वी. पर आये दिन प्रायोजित होता है—लाखों करोड़ों का ऐसा खेल जिसमें श्रमहीन लालच और हा हा हू हू।

लोगों के कितने अरब घण्टे बर्बाद! क्या नतीजा? कैसा मनोरंजन? क्या प्रभाव? क्या मतलब? सिर्फ बाजार। सिर्फ। घर बैठे गरीब और गरीब हो जाता है। आत्महत्या, खून, जासूसी के तरीके जानिए। इसी का प्रयोग तो चल रहा है समाज में। इंटरनेट, वेबसाइट जैसी महान वैज्ञानिक उपलब्धि को भी किस घटिया साम्प्रदायिक घृणा, सेक्स, हत्या जैसी सामग्री से लैस किया जा रहा है! इन तमाम विकृतियों की परिणति देखिये कि एक वेबसाइट पर फाँसी के चित्र को देखकर उसे आजमाते हुए एक लड़के ने फाँसी लगा ली! पहले स्पाइडर मैन की नकल में कुछ लड़के छत से कूद पड़े थे। जब एक कॉलेज की लड़की से वहाँ ब्लूफिल्म फिल्माने के बारे में पूछा गया तो उसने कहा कि चारों तरफ (यानी विज्ञापन, अखबार, फिल्म में) खुलेआम यही तो हो रहा है, फिर हमारे कॉलेज पर ही इल्जाम क्यों?

अश्लीलता के कितने प्रकार लें? धन के बल पर कोख को किराए पर लेना, ताकि गर्भधारण और प्रजनन का कष्ट किसी और को हो और, संतति का मालिकाना हक़ दूसरे को मिले। (यही उत्तर आधुनिकतावादी बाजारू चरित्र है)। माँ जैसा अनमोल शब्द, माँ के प्रति एक सश्रद्ध भाव धन से खरीदे जाने वाले सुविधा-भोग के हाथ बिक जाता है। एक समूची रागात्मक दुनिया के अंत से घर में एक प्रोडक्ट और आ जाता है!

जैनेटिक्स जैसे आधुनिकतम विज्ञान का माताओं की कोख की पड़ताल और लिंग परिवर्तन, स्त्री-भ्रूण-पात जैसे तमाम प्रदूषित कामों में इस्तेमाल क्या अश्लीलता नहीं है? आइंस्टीन ने कहा था कि अगर मुझे पता होता कि अणु-शक्ति की खोज का इस्तेमाल एटम बम बनाने में किया जाएगा तो मैं इसे अन्वेषित नहीं करता। और मोबाइल बनानेवाले क्या सोचते होंगे? खोज के विचार का, खोज के इस्तेमाल पर कोई दबाव न हो तो एक स्तर पर सारी खोज ही अश्लील हो जाती है।

उधर देखिए क्लोनिंग प्रौद्योगिकी...यानी वस्तु की तरह एक साँचे में

मनुष्य को ढालना। संभवत: रोबोट की तरह ऐसी पौद आज्ञाकारी हो और ईश्वर बनने के अभियान में मनुष्य का एक मूर्खतापूर्ण प्रदर्शन! बेतहाशा जनसंख्या के विनाशकारी दौर में कृत्रिम जीव बनाना किसके हित में होगा इसे जानने के लिए बहुत बुद्धि खर्च करने की जरूरत नहीं।

आज अपराधी का ऐसा दबदबा है कि जेल में पुलिस पर ऐसे शासन करता है, मानो वह उसका संसदीय क्षेत्र हो। और पुलिस भी उसी तरह हुक्म बजाती है! उधर हमारी जो विलंबित और जटिल कानूनी प्रक्रिया है उसने एक तो न्याय की संभावना घटा दी है, और इस हद तक कि कभी न्याय होता भी हो तो वह प्राय: अन्याय की कोटि में आने लायक है। विधान सभा या संसद जैसी लोकतंत्र की सर्वोच्च संस्था के निर्वाचन में भाग लेने के लिए क्या निचली-अदालत द्वारा अपराधी घोषित होना पर्याप्त नहीं होना चाहिए? यह ठीक है कि एक नागरिक के नाते हर एक को न्याय की अन्तिम दहलीज पर अपील करने का अधिकार है, लेकिन न्यायालय के स्तरीकरण के नाम पर जन-प्रतिनिधि रहकर नहीं। क्योंकि ऐसी सुविधा से ही राजनीति में बाहुबलियों का बाहुल्य हो गया है। इसे लोकतंत्र की शर्म की तरह लेना चाहिए। इनका सत्ता में पहुँचना जनतंत्र को छल तंत्र में बदलता है।

महँगाई किस कदर बढ़ रही है! फिर भी क्या आज कोई सीमांत आदमी के बारे में सोच रहा है? बुद्धिजीवी और मीडिया की इसके विरुद्ध कहीं आवाज सुनाई नहीं पड़ती। धूर्त राजनीति के हाथ इसे जरूर झुनझुने की तरह कभी-कभी बजाते हैं। इससे सर्वहारा की तकलीफें कम नहीं हुईं, बढ़ी ही हैं।

हमें अपनी प्रगति पर गर्व है, परन्तु धार्मिक पाखण्ड, साम्प्रदायिकता, जातिवाद, क्षेत्रवाद का फ़ैलना क्या इसे प्रमाणित करता है? लगता है जैसे-जैसे भूमंडलीकरण का शोर बढ़ रहा है, आदमी संकीर्ण होता जा रहा है और उसने अपने बचाव के लिए एक पाखण्ड-भाषा का निर्माण कर लिया है, जिसका मूल है कथनी और करनी में भेद। ऐसी स्थिति में भाषा का शील और विश्वास बचाना क्या आसान है?

हाँ, इधर कुछ बेहतर घटनाएँ भी घटीं। मसलन अमेरिकी प्रेस ने इराक की अबू गरेब जेल में बंद कैदियों पर हुए अत्याचार का पर्दाफाश किया, जिसने अमेरिका के भीतर बचे महान लोकतंत्र की एक जिन्दा मिसाल पेश की। इधर प्रेमचंद-पुस्तक-दहन-प्रकरण का व्यापक विरोध हुआ। इस विरोध में अनेक दलित लेखक भी शामिल थे। नतीजे में इस तरह की प्रवृत्ति वाले अलग-थलग पड़ गये। भारतीय राजनीति में भ्रष्टाचार का पारा चढ़ा लेकिन भारतीय जनता की अर्थवान चुप्पी और गम्भीर जिज्ञासा; धन, धर्म और राजनीति के गुह्य संबंधों को समझने की दृष्टि से मूल्यवान साबित हो सकती है। आगे शायद इसका असर दिखे। संभवत: उसने अपना निर्णय भविष्य के लिए सुरक्षित कर लिया है, जैसा उसका स्वभाव है।

जाहिर है कि एक बड़ी नकारात्मकता के विरुद्ध छोटी मगर दृढ़ सकारात्मकता भी रही है जो सब प्रकार की अश्लीलता के संक्रमण का प्रतिकार है और यही आश्वस्ति भी।

(जनवरी 2005)

सुनामी : भीषणतम प्राकृतिक आपदा

फैली हथेलियों का जंगल

हमने अणुबम, मिसाइल और भाँति-भाँति की प्राणलेवा प्रौद्योगिकी तो खड़ी कर ली, परन्तु प्राण-रक्षक प्रौद्योगिकी, जिसमें दुर्घटना की पूर्व-सूचना प्रणाली सबसे महत्त्वपूर्ण है, आज तक विकसित न कर सके। बीसवीं शती के अन्त में जब उड़ीसा के तट पर पछाड़ खाती समुद्रीलहरों ने विनाश का ताण्डव रचा था, तब भी हमारे पास उसकी पूर्व-सूचना का कोई तंत्र नहीं था और आज भी नहीं है। नतीजा क्या हुआ? सुनामी की विशाल भुजाओं ने तमिलनाडु, अंडमान-निकोबार आदि के तटीय क्षेत्रों को मरोड़कर रख दिया; हजारों प्राण चले गए, अनंत चीखों से आसमान भर गया, लाखों अनाथ और बेघर हो गए। यदि हम वैज्ञानिक स्तर पर सचेत होते तो इनमें से कई बचाए जा सकते थे, विनाश को कम किया जा सकता था; क्योंकि सुनामी का आक्रमण अप्रत्याशित नहीं होता, वह प्रकृति की एक लम्बी अंत:क्रिया का परिणाम होती है। उसके आगमन की सुगबुगाहट समुद्र-तल के भू-पटलों में बहुत पहले से शुरू हो जाती है। इस क्रिया को अत्यंत संवेदी उपकरण और सूक्ष्म प्रौद्योगिकी के जरिए जाना जा सकता था। देश की क्षमता पर तो सन्देह नहीं है, हाँ, लापरवाही और अचेतनता के कारण हम आधुनिक युग में आदिम युग की तरह पिट गए!

अगर हम अपनी सुरक्षा-प्रणाली विकसित नहीं कर सकते थे तब भी बचाव का रास्ता था। 'अन्तरराष्ट्रीय सुनामी चेतावनी प्रणाली' से जुड़ सकते थे, जिससे अधिकांश समुद्रतटीय देश जुड़े हैं। 'प्रशांत सुनामी सूचना केन्द्र' और अनेक संगठन हैं। हम सबसे अलग-थलग क्यों रहे? आखिर हमारे तीनओर समुद्र हैं, एक पूरा प्रदेश समुद्र में है, उसमें अनेक द्वीप हैं जहाँ शिकारियों और आदिवासियों की दुर्लभ प्रजातियाँ रहती हैं।

इतना ही नहीं, भारत को पड़ोसी देशों की जिम्मेदारियाँ भी निभानी हैं। जब हम कहते हैं कि दक्षिण-पूर्व एशिया से हमारे सांस्कृतिक अंतर्संबंध हैं, तो इस बात से क्यों अनभिज्ञ हैं कि संस्कृति की साझा विरासत के साथ दुःख की भी एक साझा विरासत होती है। सुनामी के पिछले आक्रमण और 26 दिसम्बर का ताजा आक्रमण इसे साबित करता है। भारत के साथ श्रीलंका, इंडोनेशिया, थाईलैंड आदि छोटे-छोटे देश भी इसकी चपेट में आए हैं। दरअसल अधिकांश दक्षिण-पूर्व एशियाई देश छोटे-छोटे द्वीप और द्वीप समूह हैं। देखा जाए तो इन सबके लिए रक्षात्मक पहल भारत को करनी चाहिए, तभी तो बड़ा कहलाने का हक मिलता है।

सुनामी की इस आपदा में भारत ने अमेरिका सहित यूरोपीय देशों की सहायता-पहल को ठुकरा कर अपना राष्ट्रीय स्वाभिमान दिखाया। दूरदर्शी राजनय की दृष्टि से यह ठीक भी है और विकासशील देशों के आत्मबल को बढ़ाता है। परन्तु भारत को स्वयं से पूछना होगा कि क्या एक राष्ट्र के रूप में अपने को स्वाभिमान के योग्य बनाए रखने की क्षमता उसमें है? अर्थात् सर्वांगीण रूप में स्वाभिमान का निर्वाह करने का आंतरिक प्रशिक्षण, जागरूकता और आत्म निर्भरता है, या ऐसा कोई रचनात्मक संकल्प है?

हमारे वक्त में स्वाभिमान की अभिव्यक्ति के अनेक आयाम हैं। हालाँकि दुःख के इन क्षणों में इसकी महानतम अभिव्यक्ति संवेदनात्मक क्रिया के रूप में ही हो सकती है। लेकिन हाल यह है कि अपने ही देशवासियों के सामूहिक मरण पर हमारा झण्डा नहीं झुका, जबकि अमेरिका ने एशियावासियों के शोक में सात दिन झण्डा झुकाए रखा। कहना न होगा कि इराक से उलट, यहाँ उसने ऊँचे किस्म के राजनय का प्रदर्शन किया,

जिसकी अनेक व्यजंनाओं में से एक यह है कि आप सहायता से इनकार कर सकते हैं, संवेदना से कैसे करेंगे? बहरहाल हमारे संविधान में यदि विशाल जनसमूह के 'निधन' पर राष्ट्रीय शोक को इस रूप में प्रकट करने का कोई प्रावधान नहीं है तो क्या राष्ट्रीय संवेदना में इसे अपवाद के रूप में शामिल नहीं करना चाहिए? बहरहाल अब भी संवेदन की अनेक परीक्षाएँ सामने हैं।

इसमें सन्देह नहीं कि सामुदायिक जीवन में सुख-दुःख की भागीदारी की हमारी लम्बी लोक और नागर परम्परा है। इसबार भी पूरे देश से सहायता उमड़ी है, खेल-कूद, नृत्य-गीत तक से सुनामी पीड़ितों के लिए राहत-राशि जुटाई जा रही है। यही इस देश का सच्चा-चरित्र है। लेकिन इस बार भी हम देखते हैं कि पीड़ित तक सहायता पहुँचते-पहुँचते दृश्यांतर हो जाता है—मसलन, पहुँची चीजें घटिया हैं, उस परिमाण में नहीं पहुँची जिसमें भेजी गई थी, वितरण में भयानक धाँधली हैं। भ्रष्ट व्यवस्था की दयार्द्रता देखने लायक है। वह हर दुर्घटना में एक जैसे घटिया तिरपाल, फटे कपड़े, सड़ा अनाज भेजने के लिए प्रतिबद्ध है। दर्दनाक चित्रों और फैली हथेलियों का जंगल अखबार के पृष्ठों पर देखकर लगता है कि क्या भीख दी जा रही है? एक स्वाभिमानी देश के पीड़ितों को इस तरह प्रदर्शित करना बाजारवादी 'विशिष्ट' या 'अद्वितीय' (एक्सक्लूज़िव) वाली स्पर्द्धा है या आपदा-प्रबंधन की अक्षमता से उपजा पीड़ित मानवता के असम्मान का छायांकन?

लगता है दुर्घटना कई तत्त्वों के लिए एक तात्कालिक अवसर है, जिसे भुना लेना है। मसलन कई नेता मुआवजे और मदद की घोषणा कर अपने राज-व्यापार में लग जाते हैं। मीडिया दोहरा-दोहरा कर दुर्घटना का चेहरा सपाट कर देता है, घटना आई-गई हो जाती है। शरणार्थी और पीड़ित जब संत्रास में जीने के लिए जूझते हैं तब उसके लिए ये सकारात्मक वृत्त, चित्र और लौटते जीवन की छवियाँ हैं, इन्हें भी वह दोहराता रहता है। इधर शेष-देश की जिन्दगी अपने ढर्रे पर लौट आती है। हर दुर्घटना को इसी नियति पर पहुँचना है। वह भी एक फार्मूला हो चुकी है जैसे फार्मूला फिल्म

होती है। एक जैसी आकस्मिकता, असुरक्षा, एक जैसी असावधानी, बेईमानी फिर मृत्यु-त्रास की खोजी रपटें, चित्र...कुछ नमियाती आँखें, सहायता बाँटते हाथ...बंदरबाट और अन्त में सकारात्मक यानी सुखांत विस्मरण...। हर बार, हर दुर्घटना से यह उजागर होता है कि सिर्फ दान या चीजों के सहारे मनुष्यता की सेवा असम्भव है। ईमानदार कर्म की अटूट शृंखला की सहयात्रा के बिना इस सेवा-सहायता को आखरी और सही पड़ाव नहीं मिलेगा।

सुनामी और बहुत से प्रश्न छोड़ गई है। वह पूछती है कि समाज के सीमांतजन हों या सीमाप्रांत के जन; क्या व्यवस्था की याददाश्त में हैं? पूर्वोत्तर जल रहा है, दक्षिण और पश्चिम के समुद्रतटीय मछुआरे अरक्षित हैं। सब जगह के आदिवासी भूले-बिसराए जा चुके हैं—सत्ता में उनकी भागीदारी नहीं, सत्ताधारियों को इनकी परवाह नहीं! देश के बहुत बड़े समाज ने भी उन्हें भुला दिया है तो वे किस बिना पर देश को अपना मानें?

ऐसा नहीं है कि भारत में प्रतिरक्षा और चेतावनी-प्रणाली का अभाव है। परन्तु जहाँ-जहाँ उसका अभाव है उन-उन जगहों को आप रेखांकित करें, वहाँ निश्चय ही गरीब-गुरबे या आदिवासी सर्वहारा रहते होंगे। इस दृष्टि से देखें तो लगेगा कि कुल मिलाकर हमारा प्रजातंत्र भद्रगणों का प्रजातंत्र है। इसलिए सुरक्षा और चेतावनी का भी जो तंत्र है वह उन्हीं के आसपास घूमता है; और इन्हीं के लिए सुनामी में से भी एक सकारात्मक आह्लाद खोजा जा रहा है! जबकि सच यह है कि हम अपने देश की अनेक दुर्लभ आदिवासी प्रजातियों को बचा न सके। कई प्रजातियों को तो हमारी सभ्यता ने आजतक न छुआ न चिह्नित किया। उनके लिए कैसा जनतंत्र?

सुनामी की लहरों से ध्वस्त मछुआरे और आदिवासी अपनी भूमि से उखड़ चुके हैं। शहरी रंग-ढंग न उन्हें रास आ रहा है न रंग-ढंग को वे। पूरी की पूरी जीवन-प्रणाली या सम्पूर्ण कार्य-व्यस्त-जीवन अपनी जगह से उखड़ चुका है। आज भी तटवर्ती जमीन काँप जाती है, कहीं-कहीं मिट्टी

के नीचे ज्वालामुखियों (मडवाल्केनो) का विस्फोट बचे हुए लोगों के हाड़ कँपा देता है। इनके पुनर्वास का क्या होगा? केवल झोपड़ियाँ खड़ी करने से जीवन नहीं लौटता। वह न जाने कितने रागों और सुरों में रहता है। ध्वस्त जीवन का सांस्कृतिक पुनर्वास एक लम्बी मैराथन है, जो एक मैराथन दौड़ की सहायता राशि से जारी नहीं रह सकता। दरअसल अपने नीचे की जमीन का लापता होना, अपने से ही अपरिचय, अपने ही अस्तित्व पर प्रश्नचिह्न समुद्रजीवी और वनजीवी समाज को कितने अनोखे और जटिल संसार में अकेला कर रहा है...सुनामी के बाद इस जीवन की सुध लेना और सही अर्थ में उसका पुनर्वास इस देश के लिए यक्ष-उत्तर होगा।

सुनामी के दौर में घटी जिस घटना को न दोहराया जा रहा है, न गौर किया जा रहा है, वह है आदिवासियों की स्व-चेतावनी प्रणाली, जो इस शताब्दियों-सहस्राब्दियों से उपेक्षित समाज ने स्वयं ही विकसित की है। वही उनका सहारा है, और साठ वर्ष से आजाद देश की सरकारों से अधिक भरोसेमंद है। निकोबार के एक द्वीप में एक बुजुर्ग ने लोगों को चेताया कि समुद्र की लहरें सबको निगलने वाली हैं, ऊपर चढ़ो! द्वीप के सभी लोग एक पहाड़ी पर बने मंदिर पर चढ़ गए। उनका सब कुछ बह गया पर वे जीवित बच गए। *(वे हैं तो चीजें तो और बन जाएँगी।)* यह करिश्मा जिस लोकवार्ता से हुआ उसमें कहा गया है कि जब समुद्र पीछे हटता है तो उसी वेग से लौटता भी है—('सुनामी' बनकर!) बुजुर्ग ने देखा-समुद्र पीछे हट रहा है—अपने भीतर साँस खींच रहा है—तो वह फन फैलाए नागों-सा फिर डसेगा निश्चित। उसने सबको चेता दिया। और सब बच गए। यहाँ याद आती है कालिदास के मेघदूत की यह उक्ति : 'कोविदाः ग्रामवृद्धाः'—कवि ने पण्डितों को कोविद नहीं कहा, 'ग्रामवृद्धों' को कहा, जो अनुभव की आग में पकते और उस सत्य से साक्षात् होते हैं, जिसके लिए विज्ञान आज भी तरस रहा है। किसान पक्षियों के उड़ने के तरीके से, चहचहाहाट के अन्दाज से, आसमान के रंग देखकर, हवा सूंघकर बता देता

है कि बरसात होगी या सूखा पड़ेगा। ये अनुभव लगातार खोते जा रहे हैं। शायद इसलिए कि इस 'जन' में 'नागरिक-जन' की कोई आस्था नहीं है। 'जन' उसके लिए सिर्फ एक ऐसा शब्द है जिससे वह राजनीति, साहित्य, समाज, विचार में खेलता है।

इससे एक विडम्बना का जन्म होता है कि जहाँ देश को अपने प्रामाणिक मॉडल मिलते हैं, वहाँ उसकी आधुनिकता रुकावट डालती है। और जहाँ आधुनिकता में जीना है वहाँ वह मिथकीय हो जाता है।

एशिया की इस आपदा में एक छोटे से देश का खामोश सहयोग उल्लेखनीय है और वह है एटम बम के आक्रमण से उबरा मानवता का बुद्ध-रूप। उस पर बम गिराने वाला अभी 15 करोड़ डॉलर पीछे चल रहा है।

(फरवरी 2005)

दरार से आती रौशनी

गणतंत्र दिवस पर विष्णु प्रभाकर को राष्ट्रपति के द्वार से अपमानित लौटना पड़ा तो उन्होंने पद्मभूषण लौटाने की पेशकश कर डाली। पता लगते ही राष्ट्रपति ने वाहन भेजा। उन्हें बुलाया। क्षमा माँगी। उनके साहित्य से लगाव दिखाते हुए 'आवारा मसीहा' पर देर तक बात की। अप्रिय प्रसंग का प्रीतिकर समापन हुआ।

विष्णु प्रभाकर का लेखकीय आत्म-सम्मान और ए.पी.जे. की राजकीय विनम्रता ने मिलकर साहित्य और सत्ता के अंत:सम्बन्धों की नई आचार संहिता रची है जो पिछले कुछ दशकों से खण्डित या लुप्तप्राय हो गई थी। क्योंकि स्वाधीनता के पहले और बाद में भी हमें ऐसे राजनेता उपलब्ध थे जो स्वयं विद्वान, विचारक, संवेदनशील और सांस्कृतिक जगत से जुड़े थे। परन्तु धीरे-धीरे यह नस्ल 'दुर्लभ प्रजाति' हो गई। और अब तो राजनीति से शिक्षा, साहित्य, संस्कृति का चलन ही उठ गया है। ऐसे में संवाद तो दूर, इनका संज्ञान लेना भी जरूरी नहीं समझा जाता। परिणामस्वरूप साहित्य, रंगमंच, विचार-विवेचना आदि के क्षेत्र में राजनीति को लेकर जो तीखी प्रतिक्रिया है उसका कोई असर राजनीति पर नहीं दिखाई देता, बल्कि कुछ उल्टा ही दिखता है। पिछले दिनों राष्ट्रीय फिल्म पुरस्कार समारोह में राष्ट्रपति ने फिल्मकारों से कहा था कि फिल्म लोगों को प्रेरणा देने का बहुत बड़ा

माध्यम है, इसलिए मैं आपको एक कथ्य दे रहा हूँ, हालाँकि बहुत कठिन है। आप कुछ फिल्में राजनीति में भद्रता या उदात्तता (Nobility in Politics) पर बनाएँ। इसका अंतर्अर्थ था कि इससे राजनीति को अच्छाई की प्रेरणा मिलेगी और उसमें पैदा हो गई फूहड़ता, विकृति, घृणित आचरण से देश को कमोबेश निजात मिलेगी। उनकी वेदना और क्षोभ साफ था। परन्तु मनुष्य के भीतर लोक-लाज और आत्म-ग्लानि जैसे जो भाव होते हैं वे आलोचनात्मक रचना और विचार के ग्रहण-बिन्दु हैं। प्रश्न यह है कि क्या राजनीति में ग्रहणशीलता के ये बिन्दु बचे हैं? हाँ, अपवाद हर जगह होते हैं और यहाँ भी हैं, परन्तु सामान्यतः वर्तमान राजनीति गन्दगी से लबालब भरी है। वह न केवल आत्मान्वेषण और आत्म-परिवर्तन के लिए तैयार नहीं है बल्कि भाव और विचार के संसार में घुसना ही नहीं चाहती।

ऐसी स्थिति में साहित्य और सोच एक निरर्थक प्रतिध्वनि की तरह जहाँ से चलते हैं, वहीं लौट आते हैं। यही कारण है कि आज संजीदा और संवेदनशील जगत में अपाहिज सरीखी कुंठा, झुँझलाहट और निराशा पैदा हो गई है। ये सारे लक्षण प्रजातंत्र के भीतर-भीतर तानाशाही पनपने के हैं। दल, क्षेत्र, जाति, परिवार और अंततः व्यक्ति इसके ध्रुवीकरण के सोपान हैं। तो आज साहित्य, शिक्षा, विचार से राजनीति के संबंधों के बारे में सवाल पूछने से पहले यह पूछना चाहिए कि हम एक स्वाधीन देश बने रहना चाहते हैं या नहीं?

अनेक देशों को आश्चर्य होता है कि अपने चारोंओर फैले तानाशाही के रेगिस्तान के बीच हिन्दुस्तान ऐसी भयानक स्थिति में भी प्रजातंत्र के नखलिस्तान की तरह कैसे अक्षुण्ण जिन्दा है? दो साल का आपातकाल तक इसे बर्दाश्त नहीं हुआ, जबकि पड़ोसियों के यहाँ प्रजातंत्र ऐसे आता है जैसे लकड़ी के घर में गलती से छूटी एकाध दरार से रोशनी आती है। यों इसका श्रेय भारत की जनता को है, जिसके संस्कारों में प्रजातंत्र किसी प्रणाली से अधिक विचार और अवधारणा में जीवित है। यहाँ राजतंत्र के युग में भी जनतंत्र की अंतर्धारा प्रवाहित रही है। आत्मान्वेषण, मृत्यु से निर्भयता और विश्वकुटुंबभाव भारतीय दर्शन और जीवन में यक्साँ है। यह

पराधीन शरीर के भीतर भी एक स्वाधीन आत्मा की गुहार है। साहित्य और कलाओं के मौलिक संवेदन इसीसे परिचालित हैं।

लेकिन ऐसा भी नहीं है कि साहित्य, सिनेमा, कला, शिक्षा या बौद्धिक और संवेदनात्मक क्षेत्रों में सब कुछ ठीक-ठाक चल रहा है। उल्टे ये कारोबार बनने को उत्सुक हैं। सिनेमा और मीडिया जिन हाथों में है उनमें कई हाथ माफिया के हैं। और साहित्यिक 'व्यक्तित्व' के ग्राफ ने भी लगातार ढलान दिखाई है। 'साधना' की जगह 'अवसर' और 'राजनीति' का बैठ जाना इस हद पर पहुँच गया है कि राजनेता तक इस पर व्यंग्य करने लगे हैं। कुछ साल पहले जब माधवराव सिंधिया केन्द्रीय मंत्री थे, कोलकाता आए थे। एक सांस्कृतिक उपक्रम का उद्घाटन करते हुए उन्होंने कहा था कि 'कलाकारों की माँग है कि सांस्कृतिक संस्थान राजनीतिज्ञों से मुक्त और स्वायत्त किए जाएँ। परन्तु ऐसे कला-संस्थानों में जो कुछ चलता है, उससे लगता है कि राजनीतिज्ञों को 'राजनीति' यहाँ से सीखनी चाहिए।' ऐसी हालत में यदि इन क्षेत्रों को पहले जैसे सम्मान से नहीं देखा जाता, तो इसमें शिकायत की क्या बात है? राजाभोज सम्मान दें तो किसी को 'हर्ष 'भी तो होना चाहिए और भक्त कवि का वह माद्दा भी जो सीकरी को ठीकरी समझे। लालची कितना ही बड़ा हो, छोटी-सी लालच भी उससे नाक रगड़वा लेती है। आज यह विचारणीय है कि सम्मान देने और लेने-दोनों की पात्रता घटकर क्यों एक ऐसे बिन्दु पर पहुँच चुकी है जहाँ न तो राजकीय शील बचा है, न साहित्यिक गरिमा।

ज्ञान, विज्ञान, साहित्य, कला की अभिज्ञता को छोड़ भी दें, तब भी मौजूदा सत्ताएँ प्रायः देशभाव का भी प्रदर्शन नहीं करती हैं क्योंकि वे उसका अर्थ ही नहीं समझतीं! इसे राष्ट्रपति के ही एक सन्दर्भ से जानना आसान होगा। बच्चों के एक समारोह में राष्ट्रगान का प्रारम्भ होते ही वे हाथ से रोक देते हैं। कहते हैं मेरे साथ गाओ और वे राष्ट्रगान को ठीक-ठीक धुन में, सही उच्चारण में गाते हुए सारे श्रोताओं को खासकर नई पीढ़ी को एक तरह का प्रशिक्षण देते हैं। राष्ट्रपति कोई प्रशिक्षक या कम्पोज़र नहीं हैं, इसलिए यह प्रशिक्षण राष्ट्रगान का ही नहीं है, राष्ट्रीयता का है, देशभाव का है। और

सन्देश है कि हम हर क्षण जो व्यक्त करते हैं, उसमें कहीं न कहीं हमारा अंतर्ग्रथित आशय पूरी तरह अभिव्यक्त होना चाहिए। खैर उपर्युक्त दीक्षा के बरक्स राजकाजी नेताओं के लिए आयोजित राष्ट्रगान प्रतियोगिता की मिसाल लें जो एक टीवी चैनल ने आयोजित की थी। कुछ विधायकों, मंत्रियों, प्रत्याशियों से उसने कहा कि राष्ट्रगान सुनाइए। इनमें से एक भी व्यक्ति दो-चार लाइन से अधिक नहीं गा सका और कोई तो एकाध लाइन टूटी-फूटी बोलकर 'जय हे, जय हे ' पर उतर आया। क्या राष्ट्र हमारे भीतर ऐसे ही रहता है! अधूरा, खण्डित, भ्रष्ट! इसी सन्दर्भ में राष्ट्रपति की दीक्षा से संकेत लिए ज़ा सकते हैं।

ए.पी.जे. अब्दुल कलाम, जो बहुत आड़े वक्त में हमें मिले हैं, एक दुर्लभ राष्ट्रपति हैं। उनमें एक महान वैज्ञानिक, दार्शनिक, साहित्यकार, संवेदनशील, परिवर्तनकामी मनुष्य का निवास है।...और सबसे बड़ी बात है उनमें एक 'बच्चा' रहता है—निष्कलुष, चंचल, निरभिमान और सतत जिज्ञासु! उक्त प्रसंग में उन्होंने आगे बढ़कर अपने ही विपक्ष में न्याय दिया और उस 'अपराध' के लिए क्षमा माँगी जो उन्होंने किया ही नहीं था। यह आचरण भी सत्ताधारियों के लिए एक सबक है कि उनकी जवाबदेही कितनी दूर तक है और द्वारपाल की भूल-गलती के लिए भी आतिथेय क्यों उत्तरदायी है। जिस दुर्घटना के लिए रेलमंत्री लाल बहादुर शास्त्री ने त्यागपत्र दिया था उस गाड़ी के वे न ड्राइवर थे, न कंडक्टर। जवाबदेही और शील की यह भूली-बिसरी परम्परा ए.पी.जी. ने फिर से याद दिलाई है। साहित्यकार के प्रति विनम्रता प्रकट कर एक राष्ट्राध्यक्ष ने जनता की 'चित्तवृत्ति' का मान रखा है और राजनीति को जन से जुड़ने के एक जरूरी माध्यम की पहचान कराई है।

विष्णु प्रभाकर हिन्दी के सबसे वयोवृद्ध लेखक हैं और उस नस्ल से अलग हैं जो राजनीति, लालच और अवसरवादिता की गोद में बैठी है। खड़ीबोली हिन्दी का और उनका बचपन एक ही आँगन में खेला है। उन्होंने भले ही ऐसा कम लिखा हो जो साहित्य के शिखर को छूता हो पर वे साहित्यकार का पूरा प्रतिमान रचते हैं। वे हिन्दी के ऐसे सृजनरत श्रमिकों

में हैं जिन्होंने अगली पीढ़ियों को भाषा और साहित्य की सड़क बनाकर दी; सौजन्य, शील, निर्लोभ, संघर्ष और कुल मिलाकर रचना कर्म की गरिमा सिखाई और बताया कि लेखनी और व्यक्तित्व के बीच सही आवाजाही से ही साहित्य ऊँचा और विश्वसनीय होता है। विष्णुजी साहित्य और पाठक के बीच 'स्लिप डिस्क' के सही हकीम हैं। इतना ही नहीं एक बड़े बांग्ला लेखक के साथ भावात्मक यात्रा करके उन्होंने हिन्दी भाषा का वृहत्तर बिंब बनाने में पहल की है। वे हिन्दी की तेजस्विता के विनम्र प्रतीक हैं। उन्होंने बीसवीं शती के सबसे बड़े मनुष्य गाँधी की पाठशाला में कर्मण्यता, उदारता, दृढ़ता, निर्भयता की दीक्षा ली है और आज नई शती के पहले प्रहर में गाँधी के 'सत्याग्रह' को फिर प्रासंगिक बनाया है।

दो बुजुर्गों ने लगभग दफ़ना दिए गए 'स्वेदशी आचरण' का दुर्लभ उदाहरण पेश किया है। दोनों में से किसे बड़ा-छोटा कहें, समझ में नहीं आता। कवि की रोचक लक्षणा में कहें—'को घटि ए वृषभानुजा वे हलधर के वीर!' प्रजातंत्र में राष्ट्रपति से बतियाता आवारा मसीहा; 'इक्कीसवीं सदी का एक सपना' हो सकता है। इस पूरी घटना की प्रतीकात्मकता राष्ट्रीय दीक्षा के मार्ग खोलती है, इसीलिए यहाँ उद्धृत करूँगा कालिदास के इस भरत वाक्य को; जो नाटक के कथानक और पात्र से निकलकर कथा-पात्र-देश-काल की सीमा लाँघ हमारे दरवाजे पर दस्तक दे रहा है :

प्रवर्तितां प्रकृति हिताय पार्थिवः सरस्वती श्रुतिमहतां महीयसाम्।
ममापिच क्षपयतु नीललोहितः पुनर्भवं परिगत शक्तिरात्मभूः॥

राजा (नेता) सदा प्रजा (जनता) के हित में लगे रहें। सरस्वती की संसार में पूजा हो। महान कवियों (लेखकों)की वाणी गौरवान्वित हो और शिव (कल्याण देव) की कृपा से मेरा (हमारा) भव-बंधन छूट जाए (यानी हम इस बाजारवादी सुनामी में न डूब मरें)।

(मार्च 2005)

किसे आवाज़ दें

तातारियों, पिण्डारियों, चोरों, लुच्चों, लफंगों वगैरह के अपराध-कर्म का बयान अक्सर बच्चों की और अन्य लोकप्रिय कहानियों में भय-रोमांच और शिक्षा के लिए होता आया है। बीसवीं शती में सफेदपोश दलाल, पुलिस, पूँजीपति, अफसर, नेता वगैरह ऐसी कहानियों की विषयवस्तु बने। कार्टूनों की रोचकता से घुलते-मिलते ऐसी कहानियाँ अनुभव का सहज भाग बन गईं। शती का अंत आते-आते रिश्वतखोरी, भ्रष्टाचार आदि तंत्र का स्वाभाविक और अनिवार्य हिस्सा माना जाने लगा। चालाकी; चतुराई में बदल गई। इस तरह अपराधों की पदोन्नति हुई। लगता है आगे जाकर इनकी बची-खुची निषेध और संदेहपरकता भी खत्म हो जाएगी और नई पीढ़ी के आचार शास्त्र में इनकी कोई जगह नहीं रहेगी।

फिर भी अभी कुछ संस्थाओं और संज्ञाओं में लोगों की आस्था बची है। उनके सम्बोधन में आदर, स्पर्श में रोमांच और व्यवहार में विश्वसनीयता की साख अब भी है। 'मातृ देवो भव, पितृ देवो भव, आचार्य देवो भव' का चाहे जितना अवमूल्यन हुआ हो, इन सम्बन्धों में एक सांस्कृतिक हार्दिकता अब भी है, जिनकी रक्षा माता, पिता, शिक्षक का मूल्यपरक संरथान करता रहा है और कर रहा है। परंतु पिछले दिनों ऐसी नृशंस और घिनौनी घटनाएँ घटी हैं, जिन्होंने भीतर के इस विश्वास को तोड़ कर रख दिया है। दुर्भाग्यवश

इसकी ज़िम्मेदार वही पीढ़ी है जो नई पीढ़ी पर मूल्यहीनता, अश्लीलता आदि आरोप मढ़ती रही है; यह अलग बात है कि नई पीढ़ी पर लगाए जाने वाले ये शाश्वत आरोप हैं, जो किसी समय आरोप लगाने वाली पीढ़ी पर भी लगे होंगे; क्योंकि दो पीढ़ियों के बीच 'काल' की एक नदी लगातार बहती रहती है, जिसकी नित्य नूतनता को दोनों अलग-अलग तरह से लेती हैं। अब तो 'देश' की एकलता भी समाप्त हो रही है। ऐसे में पीढ़ियों के अंतर के कारण बढ़े हैं। पर इस बात को फिलहाल यहीं छोड़ते हैं।

अभी मुद्दा उस आधार के खोते जाने का है, जिस पर अत्यंत पवित्र और आत्मिक सम्बन्धों की इमारत खड़ी है। पिछली सदी में शायद ही किसी ने सुना हो कि स्कूल के प्राचार्यों और वरिष्ठ अध्यापकों ने एक नाबालिग बच्ची से सामूहिक बलात्कार किया — बाक़ायदा योजनाबद्ध तरीके से! इसमें गुण्डई की सारी हदें लाँघ दी गईं। बीसवीं शती तक शायद पतन इस पराकाष्ठा पर नहीं पहुँचा था। इक्कीसवीं के 'सुप्रभात' की यह घटना दिखाती है कि समाज में क्षरण किस तेजी से बढ़ रहा है और बुज़ुर्ग तथा अधेड़ पीढ़ी की कामना किस हद तक हिंसक और स्वकेन्द्रित हो गई है। कहाँ तो शिकायत बच्चों और नौजवानों की की जाती थी, कहाँ बूढ़ों की बारी आ गई है। यह लौटता हुआ धृतराष्ट्र तमाम आदिम अनाचारों की पुनर्स्थापना का बीड़ा उठा चुका है। अपने मोह और काम के वशीभूत जिसे दुनिया में कुछ न दिखाई दे — वही तो धृतराष्ट्र है। यों अनाचार, अत्याचार, लूट, हिंसा के ढेरों किस्से हम सुनते रहते हैं। कई अखबार और टीवी चैनल तो इसी के लिए चलते, बल्कि इसी से चलते हैं। पर ऐसी घटना! ...उधर लगातार स्कूलों में बच्चों को विकलांग करने और उनको मार डालने तक पिटाई, नकल के गलत आरोप से छात्रा को आत्महत्या के लिए विवश करने, सुधार गृहों में बच्चों के साथ कुकर्म करने और यातनाएँ देने वाले कई संस्थान अपराध-केन्द्र और कसाईखाने बन चुके हैं। और इधर बच्चों के आर्थिक, राजनीतिक और वासनापरक अपहरणों की तो जैसे बाढ़ ही आ गई है।

माता, पिता, गुरु, संरक्षक के साथ बच्चे एकांत में रहते हैं, इनसे

अधिक विश्वसनीय कौन हो सकता है ? स्कूलों, बाल गृहों और सुधार गृहों पर लोगों को कितना भरोसा है ! इनके बर्बाद होने का मतलब है पूरे ढाँचे का बर्बाद होना। एक ऐसी 'अराजकता' जो इक्कीसवीं सदी का नया पाठ होगा।

कहा जा सकता है कि ऐसी घटनाएँ अपवाद हैं, ये नियम नहीं हैं। ठीक है। लेकिन जिस जंगल में एक कोबरा रहता हो उस जंगल में पाँव रखने से भी डर लगता है। सिर्फ एक स्कूल में, एक सुधार गृह में या एक बाल गृह में भी ऐसी घटना होती हो तो हर माता-पिता के मन में हर ऐसी जगह के बारे में धड़का बैठ जाता है। यहाँ तक कि अगर घर में बच्चों के साथ अनहोनी हो जाती है तो तमाम घर और माँ-बाप कटघरे में खड़े हो जाते हैं, जबकि बच्चे और काफी हद तक स्त्रियाँ हमेशा ही समाज का हृदयस्थल होती हैं जिनकी रक्षा और देखभाल एहतियात से करना होता है।

सुकर्म की बजाए दुष्कर्म का बड़ा ही संक्रामक असर होता है और पूरे समाज में आतंक, अविश्वास और भय जगाता है। किसी वक्त सुदर्शन की एक कहानी खूब पढ़ी जाती थी, मगर आज भी वह प्रासंगिक है और हरवक्त रहेगी। कहानी है—'हार की जीत'। बाबा भारती के पास एक बहुत सुंदर और मज़बूत कद-काठी का घोड़ा था। डाकू खड़ग सिंह ने उसे बाबा से मांगा — किसी भी कीमत पर। बाबा कैसे देते ? इस पर उसने कहा कि यह घोड़ा मैं आपके पास नहीं रहने दूँगा। बाबा की रातों की नींद ग़ायब। न घोड़ा अस्तबल से निकलता, न बाबा घर से। बहुत दिन हो गए तो बाबा को लगा-खतरा टल गया। एक दिन घोड़े पर बैठ कर हवाखोरी पर निकले। समीसाँझ का धुंधलका। एक अपाहिज़ सड़क के किनारे बैठा कराह रहा था। बाबा रुके, पूछा। उसने पास के अस्पताल में पहुँचाने की याचना की। बाबा दयालु। उसे घोड़े पर बिठाया, खुद लगाम पकड़ कर चलने लगे। एक झटका। लगाम छुड़ाकर घोड़े को सरपट दौड़ा दिया डाकू खड़ग सिंह ने। बाबा पहचान गए उन्होंने चिल्लाकर कहा—घोड़ा तुम्हारा। पर एक बात सुनते जाओ। खड़ग रुका। बाबा ने कहा यह घटना किसी से न कहना, वरना लोग गरीबों, अपाहिजों की मदद नहीं करेंगे। कथाकार

सुदर्शन लिखते हैं — 'बाबा ने निज की हानि को मनुष्यत्व की हानि पर न्यौछावर कर दिया।'

बाबा ने सोचा- घोड़ा गया। जाए। परंतु संवेदना, करुणा, विश्वास, दुखदर्द में साझीदारी तो डाकू के हाथों न लुटे। गोपनीयता की उनकी अपील राजनयिक या अपनी पराजय को छिपाने के लिए नहीं थी, मानवीय थी। उनकी तकलीफ यह थी कि यदि यह घटना लोगों को पता चल गई तो लोग अपाहिज़ों और ज़रूरतमंदों की मदद करना बंद कर देंगे। हर कोई उन्हें चोर, उचक्का, डाकू नज़र आएगा।

पर क्या आज का मीडिया यह सोच पाएगा? क्या सोच पाएगा कि कुछ ऐसी संवेदनशील घटनाएँ होती हैं, जिन्हें सम्हालकर पेश करना चाहिए। क्योंकि उनका सम्बन्ध किसी खास व्यक्ति से होता है। वह ऐसे घटना-चक्र का स्वयं उत्तरदायी है, और घटना भी एक मिसाल भर होती है। मीडिया एक बड़े मनुष्य-समुदाय से मुखातिब है— जिसके सोच और व्यवहार में उसका कोई न कोई असर होता है। इसलिए उसे अंतर करना पड़ेगा कि किसे प्रतीक बनाए और किसे मिसाल? मसलन ऐसी घटनाओं में देखना होता है कि यह समाज और संस्था के पतन का एक उदाहरण भर है न कि प्रतीक है। लेकिन मीडिया जब अपने हज़ार मुँह से, हज़ार बार, दर्दनाक-से चटखारे लेकर ऐसी घटनाएँ बयान करता है, तो कहीं उसका सरलीकरण भी हो जाता है और सामान्यीकरण भी। वह घटना को इतनी बार इतनी तरह से पेश करता है कि लगने लगता है कि हर मास्टर, हर प्राचार्य, सुधारगृह का प्रत्येक स्त्री-पुरुष इसी कुकर्म में लिप्त है। घटना के भीतर की प्रवृत्ति ग़ायब हो जाती है और उसका कंकाल भयानक रूप से हिलने लगता है। साहित्य भी प्रकारांतर से मीडिया ही है जो समाज से लेता है, अपने भीतर उसे मथता है और प्रकट करता है। वह बहुत ही शाइस्तगी से एक घटना को व्यंजना देता है ताकि शेष सृष्टि के सामने भयावह समय एक चेतावनी के रूप में खड़ा हो, न कि किसी चटकारे के अंदाज़ में। शहरयार का यह शेर देखें, क्या कहता है यह :

आफ़ियत आवारगी का फ़र्क मिट जाएगा अब।
सरहदें सेहराओं की मिलने लगी है शह्र से।

मतलब, सुरक्षित जगह और अवारगी की जगह का फ़र्क ही अब मिट जाएगा। क्योंकि अब तो शहर और मरुस्थल की सरहदें ही मिलने लगी हैं! सभ्यता और असभ्यता, बस्ती और सूने मरुस्थल का अंतर ही क्या रहेगा, अगर हमारे भीतर की मानवींयता, हमारी इंसानियत मिट जाए।

भाई साहब, दिल्ली और तमाम शहरों में इतने सेमीनार, इतनी बहसें होती हैं। कई आदर्शवादी और आयातित, खानों में बँटे विमर्शों की बाढ़ आई हुई है। पर अपने आस-पास घटी ये जीवित घटनाएँ जो समाज के शरीर में ज़हरबाद के बीजाणु की तरह फैल रही हैं। इन पर कोई विमर्श नहीं! कोई आंदोलन नहीं! हाँ कोई कवि ज़रूर इस बियाबान में पूछता है :

मैं एक शब्द उठाता हूँ—न्याय
जो मरी हुई मछली की तरह मेरे हाथ से
फिसल जाता है।
मैं दूसरा शब्द उठाता हूँ—समानता
जो पंख फड़फड़ा कर उड़ जाता है न जाने कहाँ
मैं तीसरा शब्द उठाता हूँ 'जनतंत्र'
सर्पदंश से नीली पड़ चुकी है—
उसकी आधी देह-जन।
बस तंत्र रह गया है जीवित
वह भी किसका- मैं पूछता हूँ
किस का
किसका
किसका
घाटियों में गूँजता है मेरा प्रश्न
आकाश में गूँजता है,
पृथ्वी में गूँजता है
और लौट आता है
वापस।

(एकांत श्रीवास्तव)

ऐसी विपन्न स्थिति में भी अगर हमारी बहसों में वह साधारण आदमी नहीं आता जो वास्तव में लुटा-पिटा है हम किस हवाई आदमी की बात कर रहे हैं? हमारी बहस में जो आदमी है अगर हम उसकी शिनाख्त करने निकलें तो शायद वह बार में मिल जाए या कॉफी हाउस में; इस चलती फिरती दुनिया में तो उसका मिलना मुश्किल लगता है। वह बलात्कृत लड़की क्या हमारी विचारधारा का हिस्सा नहीं? हमारी न्याय-व्यवस्था का, प्रजातंत्र का, संवेदना का? आए दिन व्यक्तिगत सम्बन्धों, छींटाकशियों और भाँति-भाँति के रहस्य रोमांस में लिप्त हमारी दुनिया कब ऐसे आवश्यक सवालों की नस पर उंगली रख कर दीन-हीन मनुष्य के पक्ष में पूरी मज़बूती से खड़ी होगी?

अगर ऐसा संभव हुआ होता तो शायर को यह हताशा न घेरती :

शबे ग़म क्या करें कैसे गुज़ारें
किसे आवाज़ दें किसको पुकारें।

(शहरयार)

(अप्रैल 2005)

पाँच सौ बरस की युवती

समय के जिस दौर में मीरा की जन्मपंचशती आई है वह स्मरण के कर्मकाण्ड में ही फँसी न रह जाए और मीरा को हम जीवित उपलब्ध कर सकें तो स्त्री स्वाधीनता की सच्ची प्रतिनिधि को अपने बीच चलती-फिरती पाएँगे, और पाएँगे कि वह आधुनिक स्त्री से ज़्यादा आधुनिक और क्रांतिकारी है; स्त्री स्वाधीनता का एक समूचा दर्शन है; देश, काल, देह और मन पर रची जीवित चित्रशाला है।

सिर्फ विचार में नहीं, व्यवहार में मीरा समाज के अंतिम व्यक्ति से लगाकर पहले व्यक्ति तक के बंधन काटती है। समाज की अंतिम बंधक है स्त्री और पहली बंधक है राजरानी या भद्र स्त्री। इसलिए जब मीरा बंधन काटकर बाहर आती है - सड़क पर, तो एक साथ कई बंधन तड़ातड़ टूटते हैं - पहला अंत:पुर का, दूसरा घराने का, तीसरा वैभव का, चौथा समाज का, पाँचवा देश का, छठा काल का और सातवाँ विवाह का। —तब कहीं एक राजरानी की मुक्ति होती है।

मौखिक परंपरा से आए 'हरजस' के एक गीत में देखिए कि मीरा को संसार किस तरह सात फेरों में बाँधना चाहता है और मीरा उसके उलट, अपने फेरे लगाती है, कि वे तो खुलते जाते हैं और आत्मा का सहचर उससे लिपटता जाता है। यही तो स्वाधीनता है न कि दूसरे बाँधना

चाहें तो आप इन्कार कर सकें और आप बंधना चाहें तो दूसरे इन्कार न कर सकें। —बारात आई है, फेरे पड़नेवाले हैं। लेकिन वह कृष्ण की प्रतिमा झोली में डालकर मंदिर में साँकल चढ़ा कर जा बैठती है। बाहर फेरों के लिए उसे बुलाया जा रहा है और वह भीतर फेरे ले रही है। दादाजी बुलाने आते हैं, 'मीरांबाई खोलो नीं सजड़ किंवाड़', पर तब वह पहला फेरा ले रही है, माँ आती है तब दूसरा, काका आते हैं तब तीसरा, काकी आती है तब चौथा, पाँचवें में भाई, छठे में भाभी और सातवें में बुआजी। हर कोई अपना वास्ता देता है— दादाजी सफेद बालों की लज्जा रखने का, माँ दूध का, काका-काकी गोद में खिलाने का, भाई राखी का, भाभी घूंघट का और बुआ तो बरस ही पड़ती है— 'हमारे कुल में तू ही बस कुंवारी है, तूने कुल को कलंक लगा दिया!' जैसे-जैसे मीरा गिरधर के साथ फेरे ले रही है दुनिया के फेरे खुल रहे हैं! एक गिर्री में धागा लिपट रहा है, दूसरी गिर्री का खुल रहा है। बाहर हाहाकार भीतर समाहार : हे जोशी दायाँ हथलेवा दीनानाथ का है तूं तो बायाँ जुड़ा— 'जीवणूं हथलेवौ दीनानाथ को रै जोशी डावोड़ो हथलेवौ जुड़ाय।'

इतिहास मीरा का विवाह और पति की मृत्यु दर्शाता है, विद्वान उससे वैराग्य परिभाषित करते हैं। पर मीरा इस विवाह से ही इन्कार करती है; और वह वैरागिन है कहाँ, वह तो कुसुंभी साड़ी पहन कर गिरधर के रंग 'राती' है; उसका गिरधर उसकी साड़ी की गोटा-किनारी है— 'साँवरो म्हारै सालूड़ा री कोर।' भगवा मीरा में केसरिया के अर्थ में आता है जो एक ओर दुनिया से नाता तुड़ाता है तो दूसरी ओर 'केसरिया बालम' से जुड़ाता भी है— 'सांवरिया के दरसन पास्यूँ पहर कुसंभी सारी।' मीरा की भक्ति पर विचार करने के साथ ही उसके प्रेम और उसके कवि पर भी विचार करना चाहिए। क्योंकि दुःख की अधिकता से व्यक्ति वैरागी भले हो ले, लेकिन न कवि हो सकता है न प्रेमी। बिना गीत के तो मीरा खुल कर प्रेम भी नहीं कर सकती। ऐसे वक्त जब प्रेमी मूक हो जाते हैं मीरा गीत गाते हुए तन खोल कर सांवरिया से मिलती है —'औ 'झुरमुट में मिल्यो सांवरो खोल मिली तन गाती।'

हाथ में तम्बूरा, दिल में प्रेम और कंठ में गीत लिए मीरा चलती-फिरती आग की लपट थी। आग जब क्षार (खार) को जलाती है तो जो भी क्षार है सबको जलाती है। क्रांति की यह बड़ी परिभाषा आजतक हमारी समझ में नहीं आई। जब हाशिए पर पड़ी स्त्री, स्वाधीनता की पुकार करती है तो हाशिए में जो भी पड़ा है, उसकी आज़ादी मांगती है। लेकिन हमारा दलित और स्त्री-विमर्श परस्पर नहीं जुड़ सका, एक साथ खड़ा नहीं हुआ और अपने भीतर ही खण्ड-खण्ड हुआ पड़ा है। जबकि मीरा के भीतर सम्पूर्ण स्त्री- समाज और सारे दलित साथ मिलकर अपनी लड़ाई लड़ रहे हैं। मीरा का एक 'हरजस' गीत है : राणा को (इस 'राणा' के बारे में बात बाद में) सोते में सपना आया कि मीरा वैरागिन हो गई है। वह आग-बबूला हो गया। अधरात में ही सीढ़ी उतरा और घोड़े पर सवार हो दन्नाता हुआ सुबह-सवेरे मीरा के देश-यानी मेड़ता- पहुँचा। ग्वाले से रास्ता और पनहारिन से दूदोजी राव (मीरा के दादाजी) का घर-द्वार पूछा। चला तो रास्ते में ही साधुओं की जमात में नाचती मीरा मिल गईं! हाथ में मृदंग, पैरों में घुँघरू.. गोपाल के गुण गाती। राणा का क्रोध सातवें आसमान पर। कटार निकाली, पर एक की जगह चार-चार मीरा नज़र आ रही हैं— किसे मारे? इधर मीरा कह रही है 'गुरुजी शीष पर हाथ धर दो। मीराबाई को चेली बना लो।' वे बोले—

मीरांबाई म्हं तो जात रो चमार
तूं तो बडां घराँ की डावड़ी.. एजी

मीरां बोली—

गरुजी जाति-पाँति रो कारण कोय नीं
बाई ने गरु मिल्या ओ रविदास

घर-द्वार-कुल-समाज के बंधन तोड़ कर सड़क पर उतरी, चमार को गुरु बनाती, जात-पात को ठेंगा दिखाती मीरा क्या पाँच सौ साल की बूढ़िया लगती है या आजकल की जवान छोरी? उसने खुद तो अपने बंधन की शृंखला तोड़ी ही, ऊँच-नीच का जग-धंधा चौपट कर दिया। एक साथ स्त्री-विमर्श और दलित-विमर्श की बैठकी से कम नज़ारा नहीं है यह!

कुछ लोग कहते हैं मीरा गोसाईं विट्ठलनाथ की शिष्या थी, कुछ कहते हैं तुलसीदास की, कुछ उन्हें जीव गोस्वामी की शिष्या बताते हैं। कुछ लोग रैदास और मीरा के समय का अंतर बताते हुए सप्रमाण दावा करते हैं कि वह रैदास की चेली नहीं हो सकती। कुछ विद्वानों के मत में रैदास का समय सन् 1388 से 1518 और कुछ के मत में 1482 से 1527 है। और मीरा का जन्म सन् 1503 में और विवाह 1516 में ठहरता है। 1523 में मीरा के पति मेवाड़ के राणा भोजराज की मृत्यु हो गई थी। कुछ विद्वानों का मन नहीं मानता कि भोजराज के जीवित रहते मीरा संत हो गई होगी या उसने रैदास का शिष्यत्व लिया होगा। पर मीरा तो छुटपन से ही भक्तिन थी और उसके काव्य से ऐसा नहीं लगता कि उसके भीतर मृत्यु-वैराग्य है! यह ठीक है कि उसकी माँ बचपन में चल बसी थी, विवाह के सात साल बाद ही पति का निधन हो गया था, बाद में पिता और ससुर का भी सात-आठ साल के अंतराल में देहांत हो गया। भोजराज के बाद राणा हुआ। उनका छोटा भाई रत्नसिंह भी 1531 में चल बसा और मेवाड़ की गद्दी पर उसका सौतेला भाई विक्रमादित्य बैठा। प्रसंगवश, यही विक्रमादित्य मीरा के काव्य में प्राय: 'राणा' या 'राणाजी' प्रतीत होता है, जिसे वह अक्सर ताने और चुनौती देती है। समस्त प्रतिबंधों का खलनायक शायद यही है। यही जहर का प्याला, सांप की पिटारी, काँटों की सेज वगैरह मीरा के लिए भेजता है, जो अमृत के प्याले, माला और फूलों की सेज में बदल जाती है। क्योंकि इसी राणा के काल में मीरा अपने घर मेड़ता चली गई थी और वहाँ से द्वारिका।

मेड़ता से द्वारिका तक की मीरा की यह यात्रा कृष्णमय रही है—सांसारिक वियोग या मृत्यु-दुःख को उसने मन पर लिया ही नहीं। तो, जो कुछ मरा था, या खोया था वह उसका सगा था ही नहीं, तो किसका दुःख और क्यों वैराग्य! इसलिए अगर विवाहित-काल में ही मीरा ने रैदास को गुरु बना लिया हो, (और इससे भी पहले) तो क्या अचरज़? वे उसकी सास (राणा सांगा की पत्नी) के भी गुरु थे। और समय निर्धारण के संशयों या अन्य मतभेदों के चलते अगर कोई साक्ष्य देना हो

तो वह होगा मीरा का क्रांतिकारी चरित्र, उदारता और उसकी कविता। उसने गीतों में गुरु रविदास का पचीसों बार उल्लेख किया है और बड़े गर्व से —'मीरा ने गरु मिल्या छै रविदास सुरंगा (स्वर्गों) से आयी पालकी।' मीरा ने संयोगवश नहीं, साभिप्राय रैदास को गुरु बनाया होगा, क्योंकि उसके भीतर की विद्रोही-चेतना और बहती करुणा को अध्यात्म के क्षेत्र में भी इससे कम मंजूर न था।

मीरा आधुनिक स्त्री के लिए आईना है— अलंकरण, शोभा, भोग वगैरह के नए बंधनों में बंधी, स्वतंत्रता का दंभ भरती आज की फैशनपरस्त स्त्री क्या देख पा रही है कि उसके आसपास सोने के पिंजरे लिए बाज़ार घूम रहा है और वह भी उन्हीं पिंजरों में से कोई पिंजरा चुनने को न सिर्फ बाध्य है बल्कि स्वेच्छा से परख रही है कि कौन-सा पिंजरा ज्यादा जड़ाऊ है, ज़्यादा कीमती। मीरा को देखिए, स्वाधीनता के मूल्य के लिए वह बिलकुल आज की लड़ाई लड़ रही है (गीत हरिजस से ही) :

मीरा की माँ कहती है :

एकर मीरांबाई आंगणिये पधार
थांनै जीमाद्यूँ चूंट्यो चूरेमूं जी भगवान

तो मीरा कहती हैं :

चूरमा थारां कंवरा नै जीमाय
भंवरां ने जीमाय
म्हारै लिख दीन्हा ठण्डा टुकड़ा ओ हर राम!

(माँ कहती है कि मीराबाई एक बार मेरे आंगन में पधार जाओ, आपको चूरमा खिलाऊँगी। मीरा कहती है माँ, चूरमा तुम अपने कुंअर (राजकुमार) और भंवर (पति) को खिलाओ मेरी किस्मत में तो ठंडे टुकड़े ही लिखे हैं।)

क्या सचमुच मीरा की किस्मत में ठंडे टुकड़े लिखे आए थे? यह उसका वरण था, क्योंकि यह आज़ादी की कीमत थी, हर तरह के प्रलोभनों और लगावों का निषेध।

गहने ऐसा आकर्षक बंधन हैं जिनके कारण युग-युग से स्त्री बंदिनी रही है। मीरा ने अपनी आज़ादी के लिए राजपाट, गहनों-गाँठों सबको लात मार दी। देखें :

मेवाड़ी राणा तूं तो कांई जाणै म्हारा घट की
सुसरा जी हट की काण न राखी पट खोल्या घूंघट की
गेहणू गांठो म्हैं तो सब तज दीन्हा, म्हं तो पैली ही नटगी

छायावादी मुक्ति और निर्मल प्रेम के दो अग्रणी कवि हुए - घनानंद और मीरा। पहली मीरा है जिसने कविता के ही नहीं, अक्षरशः जीव-बंध के सारे छंद तोड़ दिए हैं। उसने समाज-वर्जित प्रेम किया है - कृष्ण से। कृष्ण की भागवत-आवृत्ति मीरा की देह और देहोत्तर-वाक् में हुई है। उस जैसी विह्वलता, मार्मिकता, निर्भयता और सहज उन्मुक्तता के गीत जब भक्तिकाव्य में भी कम ही हैं तो इस बिकाऊ युग में कहाँ से होंगे?

मीरा ने पहली बार बताया कि प्रेम और भय साथ नहीं चलते। वह चौड़े में कहती है— मैंने गोविंद को खरीद लिया : 'माई री मैं तो गोविंद लीयो मोल।' और मोल लिया तो बुद्धू जैसा ठगा कर नहीं, खूब मोल-तोल करके : 'कोई कहे भारी कोई कहे हलको, लियोजी तराजू तोल।' यह तराजू बनिये की नहीं है, प्रेमिका की है— एकदम खरी, कोई कान नहीं है इसमें। वह रीतिकालीन प्रेमी की तरह फँसती नहीं कि कोई 'मन' भर लेकर 'छटाँक' भर भी न दे। (मन लेहु पै देहु छटाँक नहीं - घनानंद)। वह ऐसे तुले तुलाए परखे हुए बालम के हाथ खुद बिक जाए तो भी घाटा नहीं। (मीरां गिरधर हाथ बिकानी, लोग कहे बिगरी।) उसमें इतना साहस है कि जब विवाहित पति भी अधिकार जताए तो तड़ाक से कह दे—हे राणा, बता तूं 'परणां री सेन' - शादी की पहचान बता। अपनी निष्ठा और दृढ़ता में वह इतनी पक्की है कि दुनिया से ही नहीं देवी-देवताओं तक से पंगा ले लेती है :

चाहे रूस ज्यावौ जग सारो रै मत रूसो किरतारो रै
बिरमा रूसो, इन्द्र रूसौ, रूसौ कैलास वाळो रै
तैंतीस किरोड़ देवी-देवता रूसो, रूस ज्यावौ जग सारो रै
मीरां मिंदर आवे जावे ना कोई रोकण वाळो रै।

यह निर्भयता, यह दीवानगी एक तरह से नारी-स्वातंत्र्य का ही नहीं मनुष्य की स्वाधीनता का शंखनाद है। भले ही इसका केन्द्र भक्ति हो, लेकिन उसमें सारे लक्षण आज़ादी के हैं।

यों कृष्ण साहित्य स्त्री को समर्पित साहित्य है, यहाँ तक कि वह स्त्री-आराधना का साहित्य है। कृष्ण-मार्ग में राधा की मुख्य उपासना होती है। परंतु इस साहित्य की प्रतिनिधि मीरा ही है। मीरा के काव्य से स्त्री-काव्य की तीखी सुगंध आती है। यह उसे भक्तिकाल के अन्य कवियों से अलग भी करती है। उदाहरण के लिए पुरुष कवियों के काव्य में पपीहा बोलता है तो 'नायिका' के हृदय में हूक उठती है, वे उसे ताने देती है, आदि, लेकिन मीरा कहती है— 'पपीहा पिऊ की बानी न बोल।' मतलब वह मेरा प्रिय है तू कैसे कह सकता है उसे 'पिउ' । खबरदार फिर बोला तो चोंच कटवा दूँगी। लेकिन स्वयं वियोगिनी के मन के किसी कोने में इस पुकार से आशंका के साथ आशा भी अटकी है, तो वह यह भी कह देती है कि अगर तेरे बोल से मेरा प्रिय से मिलन हो जाए तो तेरी चोंच सोने से मढ़ा दूँगी। यह इंकार, यह क्रोध, चिढ़ और छिपी हुई आशंका-आशा का रसायन मीरा जैसी कवि-हृदय वियोगिनी में ही संभव था। जब सूर की गोपियाँ कहती हैं 'हमारे हरि हारिल की लकरी' और मीरा कहती है 'मेरे तो गिरधर गोपाल दूसरा न कोई' तो इस अनलंकृत वाणी में जो प्रिय-निर्भरता है वह अधिक स्वाभाविक है। पुरुष के द्वारा स्त्री की प्रेमानुभूति में एक देह-बाधा रहती ही है और परमात्मा को पुरुष मानकर प्रेमिका-रूप में की गई साधना में देह-कपट भी; जबकि यह नारी की देह में स्वाभाविक संवेदन है। मीरा की अनेक सादा पंक्तियाँ मामूली अलंकरण से ही इसीलिए बहुत भरोसेमंद हो गई हैं :

तुम बिच हम बिच अंतर नाहीं जैसे सूरज घाम।
ऐसी प्रीति लगी मोहन ज्यूँ सोने में सोहागा।
मीरां प्रभु गिरधर मिले ज्यों पाणी मिलिगो रंग॥

आत्म-विस्मृति की पराकाष्ठा में भी मीरा की कविता आत्मवान लगती है। उसकी ग्वालिन सूर और कृष्ण भक्त कवियों की ग्वालन से

थोड़ी अलग है। शायद सूर को उनकी तरफ से यह हक़ नहीं मिला है कि वह अपने प्रिय को ही चौड़े बाज़ार में बेच दे :

'ले मटकी सिर चली गुजरिया आगै मिले बाबा नंद के छौना
दधि को नाम बिसरि गयो प्यारी ले लेहु कोई स्याम सलोना।'

दही लो, दही लो कहते-कहते श्याम लो, श्याम लो कहना केवल अपने व्यापार को भूलना नहीं है, प्रेमाधिकार की निश्छल और खुली अभिव्यक्ति है जो मीरा के भीतर देश-काल के अखंड प्रवाह से उपजी है। उसके बारे में कहा जाता है कि ललिता नाम की सखी का अवतार थी। जब ललिता कालावरण को चीर कर यहाँ तक चली आई है तो कृष्ण वहीं कैसे छूट जाते?

कृष्ण-लीला-साहित्य में बाल और किशोर प्रेम कब युवा-प्रेम में बदल जाता है—पता ही नहीं चलता। उम्र जैसे व्यवधान ही न हो, एक फैंटेसी हो! कृष्ण की बाललीला पर मुग्ध गोपियाँ युवा कृष्ण के साथ वैसी की वैसी जवान बनी रहती हैं और वियोग में आँसू की नदियाँ बहाती रहती हैं। मानो दीन-दुनिया की शर्म-हया ताक पर रख दी हो।

वहाँ प्रेम इस पराकाष्ठा में है कि दुनियावी बोध अतार्किक हो उठता है। मीरा में भी वही है। कभी तो वह गिरधर के हाथ बिक जाती है (मीरां गिरधर हाथ बिकानी), कभी उनकी चाकर बन जाती है (प्रभुजी म्हाने चाकर राखौजी, चाकर रहस्यूं बाग लगास्यूं नित नित दरसन पास्यूंजी) कभी कृष्ण ही उसके चाकर बन जाते हैं—'म्हारी सेवा में सालिगराम।' कृष्ण को तो अपने पलंग पर मनुहार से बुलाती है—'हिंगलू के पलंग पर सांवरिया पाँव रखो।' और पति को परे हटा देती है—'राणाजी थैं तो दूरां से करल्यो बात।' जमाने से माँ और पति मर चुके हैं पर मीरा के भीतर सब जीवित हैं, संबोधित हैं! जीवन से एक अज़स्त्र प्रवाहात्मक रिश्ता होता है प्रेम में आकंठ डूबनेवाले का। उसके लिए सब उल्टा है जो दुनिया के लिए सीधा है, वैसे ही सीधा-उल्टा है। दुनिया के डॉक्टर वैद्य बताते हैं कि अधिक देखते रहने से आँखें दुखती हैं। पर मीराबाई की आँख प्रिय के न दिखने से दुखती हैं :

दरस बिन दूखन लागै नैन।

ऐसी अभिव्यक्ति एक समूची स्त्री एक सम्पूर्ण प्रेमिका ही कर सकती है, जिसकी अनुभूति का पाट चौड़ा हो और गहराई की कोई थाह न हो। यह गौर करें कि कृष्ण मीरां की आँखों का 'नीर' है—इसी नीर भरी आँखों से वह दुनिया को देखती है—करुणार्द्र!

(मई 2005)

दृश्य मीडिया

खारिज होता जन

काले बोर्ड के सामने, नीली टाई में, भूरी आँखों वाला सफेद आदमी तिरछा खड़ा है—चुस्त। सामने बैठे चमचमाते युवा चेहरे। कुछ जीन्स पर बाल झुलाते, कुछ नीली टाई में स्त्रैण-सफाचट, कुछ हरफनमौला दाढ़ी पहने।

नीली टाई में सफेद आदमी की भूरी आँखें, सामने बैठों पर लहराती हैं—"हियर"— और वह मुड़कर काले बोर्ड पर लाल चॉक से बड़ा-सा वृत्त बनाने लगता है।

यह रक्त-रेखा से घिरा काला वृत्त है जिसे भूरी आँखों के सफेद आदमी ने बनाया है। अब वह उसे बीचोंबीच से सीधा काट देता है, जैसे भेड़ का गला हो-खच। खून की लकीर से वृत्त द्विखंडित हो जाता है—"इतना काफी नहीं है," वह कहता है और आधे वृत्त को लम्बोतरे गुणित से काट देता है।

"क्या!" —एक हरफनमौला की पंक्चर आवाज निकल पड़ती है।

"रद्द और क्या? यह आधा हिस्सा गरीब है। इसे दिमाग से निकाल दो।"—वह तीखी आवाज में खौंखियाता है। भूरी आँखें बारी-बारी से

दाढ़ी, जीन्स और टाई को घूरती हैं। लगता है इसी चेहरे में कुछ देर वह तने रहने के मूड में है।

...अपने में लौटता सफेद आदमी अब पुनः दूसरे गोलार्द्ध पर एक चीरा लगाता है। इस बार उत्तर से दक्षिण नहीं, पूर्व से पश्चिम। दूसरा अर्द्धवृत्त दो हिस्सों में बँट जाता है—ये हिस्से बराबर नहीं हैं। बीस और अस्सी के अनुपात में हैं। बीसवाले हिस्से को सफेद आदमी जल्दी-जल्दी लाल लकीरों से भर देता है। मानो इसपर कोई लाल टाई वाला कब्जा न जमा ले। राहत की साँस लेते हुए बाकी हिस्से पर वह पंजा लहराता है—"यह कुल हिन्दुस्तान का चालीस फीसदी है"—पूअर मिडिल क्लास। इसे थोड़ा देना होगा...फिलहाल। ज्यादा-से-ज्यादा दस फीसदी हिस्सा दे सकते हो इसे अपने संजाल (नेटवर्क) में। तुम सब भी इसमें कहीं न कहीं हो।"—वह पहली बार थोड़ा मुस्कराता है, शातिर अन्दाज में। उसकी बाँह पर एक मक्खी बैठ गई है। चॉक वाले पंजे से उसे झटकता है। ऐसा करने में सफेदी पर लाल खरोंच बैठ जाती है। कंधे, उचक कर चॉक की बेवकूफी पर टिप्पणी कर देते हैं।

अब सफेद आदमी काफी मुस्तैद है, चौकन्ना। काले गोले के लाल हिस्से को दिखा कर कहता है—"यही हमारा टारगेट(लक्ष्य)है। नब्बे फीसदी प्रोग्राम इसी दस फीसदी की खुशी के लिए बनाओ। ज्यादा चालाकी और थोड़ा मसाला। जहाँ कोई उत्तेजना या जानने की बेचैनी पैदा हो तो फौरन कट्... और एक छोटा-सा कमर्शियल ब्रेक।" 'ब्रेक' बोलते हुए उसकी आवाज में मिश्री घुल जाती है। वह जारी है—"यह ब्रेक ही हमारा थीम है। इसके खातिर कुछ भी काट दो—साहित्य का गला, भावना, जिज्ञासा सब। और खयाल रखो जो प्रोग्राम इस दस फीसदी को पसन्द न हो तो न चलाओ और उसमें अगर वह तब्दीली चाहे तो कर दो—लेखक, कथा, चरित्र वगैरह की माँग का बासी फार्मूला छोड़कर। मानो, उन्हें किसी हीरो की मौत बुरी लगे तो उसकी कटी गर्दन जोड़ दो। खुदा के घर से उसे तलब करो। समझे?...ओक्के?"

सब एक साथ— "ओऽऽके।"

केश लहराती जीन्सें, सफाचट टाइयाँ, हरफन मौला दाढ़ियाँ पंख लगाकर उड़ चलीं, अपने अपने आसमान में, यानी दफ्तर में। एक पल रुकना खतरे से खाली नहीं था, क्योंकि कोई असमंजस, कोई ऐतराज, कोई सवाल, कोई चिंता उनके पंख काट सकती थी।

यह एक टीवी चैनल की दृष्टि-योजना (विज़न-प्लान) का प्रशिक्षणसत्र था। यहाँ नवागंतुकों को 'अपने' मीडिया की रीति-नीति, सूचना, साहित्य, संस्कृति, समाज शास्त्र, मनोरंजन के 'अपने' गुर और 'अपना' अर्थशास्त्र सिखाया जा रहा था... और सबसे ज्यादा कैरियर का, जिसकी हैसियत साइकिल कैरियर से ज्यादा न थी। अब तक कहीं मौका न मिल पाने के कारण जो यहाँ बचे थे, उन्हें भी झाड़ झूड़कर चमकाने के लिए इस मौके पर बुला लिया गया था।

सफेद आदमी ने काले बोर्ड पर जो गोला बनाया था वह उत्तरआधुनिक था, परम्परा से हट कर था। क्योंकि 'कामायनी' की श्रद्धा ने भी अपने 'विज़न-प्लान' के तहत मनु को हिमालय पर ले जाकर अंतरिक्ष में तीन गोले दिखाए थे। तीनों के स्क्रीन पर तीन तरह की दृश्यावलियाँ चल रही थीं। सफेद गोले गें ज्ञानी लोग ज्ञान वैराग्य सहित दिखाई दे रहे थे; काले गोले में श्रम-कोलाहल था, लोग पसीना-पसीना हुए संघर्ष कर रहे थे; लाल गोले में रूप, रस, गंध आदि की परियाँ उड़ रही थीं, प्रेम लीलाएँ चल रही थीं। ये तीन अलग-अलग गोले अपने में अकेले, अधूरे और अशान्त थे। श्रद्धा ने अपनी दृष्टि (विज़न) से तीनों को एक कर दिया था। तब कहीं एक रागात्मक संपूर्णता की सृष्टि हुई थी। लगा कि दुनिया बहुलतावादी है और यही समग्रता है।

श्रद्धा; विखण्डन को संश्लिष्ट कर रही थी और यह पट्ठा संशिष्ट को विखंडित कर रहा है! (विखंडन या डिकंस्ट्रक्शन, का सिद्धान्त कहां तक काम करता है इसे आप यहाँ देख सकते हैं।) अखण्ड से खण्ड-खण्ड तक की यह यात्रा सामंजस्य से विघटन की यात्रा है, खासकर इस प्रसंग में।

पाठकगण अब तक यह जान गए होंगे कि यह बन्दा एजेंट है, तो हित तो उसी का ही न साधेगा जिसकी तरफ से नियुक्त है। भले ही दुनिया की नजरों में वह बीच का आदमी हो— सफेद और अवध्य! लेकिन इसपर इतनी बड़ी सूचना प्रौद्योगिकी का भार है, जिसे ट्रिक, आत्म-विश्वास और निर्भयता से चलाना पड़ता है। यह प्रौद्योगिकी अव्वल तो बेहद खर्चीली है, तिस पर दिन पर दिन और होती जाती है, उसे मुनाफा कमा कर भी देना है। इसका पूरा दारोमदार विज्ञापन पर है और विज्ञापन धन-केन्द्र से ही मिलता है। सो इसी वर्ग-रुचि और वर्ग-हित में इसे मीडिया को नियोजित करना है।

धन और धनहीनता की वैसे भी सड़क पर टक्कर होती रहती है। चारोंओर भुखमरी, बेकारी, उत्पीड़न, अभाव, झगड़े, हड़तालें, घेरे रहती हैं। अगर मीडिया में भी वही किच किच चले तो धन वहाँ बेकार अपने को क्यों लगाए? यह नहीं होने का। वह दृश्य और मुद्रित माध्यम में सौन्दर्य, उल्लास, वैभव, विलास देखना माँगता है। यानी एक मायावी यथार्थ (वर्चुअल रियलिटी), जहाँ जीरो परसेंट गरीब, दस परसेंट मध्यवर्ग और नब्बे परसेंट खुद हो।

पर यहीं एक गुत्थी है कि फिल्म, दृश्य माध्यम या अखबार का विज्ञापन-'रेटिंग' यानी विज्ञापन-औकात, दर्शक या पाठक की संख्या पर निर्भर होती है। और यह दर्शक या पाठक आम आदमी है जिसे नीली टाई वाला सफेद आदमी अपने मीडिया से खारिज कर चुका है। अब जिसपर विज्ञापन आधारित है वह खारिज है; और जो खारिज है उसके बिना विज्ञापन कैसे मिले? कैसी फाँस है। तो ऐसा रास्ता निकाला जाता है जिसके केन्द्र से आदमी की थीम को हटाकर चीजों की थीम और परिधि से चीजों को हटाकर आदमी की थीम लगाई जाती है। इस चक्कर में आदमी की शक्ल, आदमीनिरपेक्ष दिखने लगती है। वर्ग-संघर्ष समझ में नहीं आता, क्योंकि वर्ग-संबंध समझ में नहीं आता। अब पान मसाला तो कोई भी खा सकता है। नाटक में या रैम्प पर किसी को कोई भी कपड़ा पहना दो, मुकुट बाँध दो या गहने—क्या फर्क पड़ता है! मीडिया की पूरी धमाल,

तीसरा पेज, खेलों के पृष्ठ और बड़ी-बड़ी सुन्दर और नग्न कामातुर तस्वीरें, आर्कषक विजुअल्स, कविता-संगीतमय अनोखे असंभव करतबों से भरे अतार्किक विज्ञापन, दर्शक-पाठक की बुद्धि में धमाचौकड़ी मचाते हैं और वह भी जीवन में असंभव, अप्राप्य मनोरंजन की तरफ, एक पागल आत्महन्ता जिज्ञासा से लपकता और अज्ञात रूप से मीडिया की औकात बढ़ाता रहता है और अपने खिलाफ बन रहे माहौल में खुद बढ़ चढ़ कर भाग लेता है।

आह ! सारा जीवन विज्ञापन से भर गया है। जीवन के भराव की क्या ही जादुई परिभाषा है यह कि घर बैठे गरीब और गरीब हो रहा है!

पिछले एक दशक से दुनिया बदली-बदली दीख रही थी, टीवी में; अखबारों में, दर्शक-पाठक (अपने बावजूद) चकित रहा आया कि आम आदमी कहाँ चला गया? क्या गरीबी खत्म हो गई? महंगाई, बेरोजगारी, अन्न-जल-मकान की समस्या नहीं रही? लीजिए, इतनी तब्दीली हो गई और हमें खबर तक नहीं! वरना हम भी अपनी दशा-दिशा सुधार लेते। कम से कम कुछ अच्छा-अच्छा महसूस ही कर लेते। खबरों में नेताओं के भारीभरकम चेहरे, विज्ञापन के साथ घुसे और फीचर में लगे सुन्दरियों के खुशनुमा चेहरे; खेल के मैदान में खिलाड़ियों और दर्शकों के उत्साही लज़ीज़ चेहरे! संजय दिखा रहा है धृतराष्ट्र को कि "प्यारे देखो घर बैठे नए नए नज़ारे।" मीडिया से, होर्डिग से पता चलता है कि आजकल कपड़ों का उत्पादन शून्य के स्तर पर और हीरों का उत्पादन कपड़ों के स्तर पर हो रहा है। नायिकाएँ हीरों से जड़ी हैं मगर उनके पास स्तन ढकने तक को कपड़े नहीं, बड़े-बड़े अभिनेताओं को जाँघिये और सैण्डो बनियान में रहना पड़ रहा है! कोकोकोला, खास ब्रांड की चाय, वगैरह में ग़ैबी ताकत है कि लुंजपुंज खिलाड़ी उसे पीते ही खेल के मैदान में उचक उचक कर रैकेट घुमा रहे हैं, बैट लहरा रहे हैं! लोगबाग पंखों के ब्लेड्स, दूसरे अवयव वगैरह कबाड़ी के बैग में धड़ाधड़ डाल रहे हैं, क्योंकि कोई पंखों का बाप आ गया है। बाप की भूमिका अब हमारी समझ में आई, वरना तो पिछले

कई दशकों से हमारे लेखकों ने बाप की छवि बिगाड़ कर धर दी थी। खैर आजकल छोटे और बड़े पर्दे पर बढ़िया सेट्स, पाँच सितारा होटलों, खूबसूरत लॉनों, गुदगुदे पलंगों, भव्य सोफों का मौसम है। फैक्टरियाँ धड़ाधड़ खुल रही हैं, बँटवारे, दावेदारियाँ, कंपनी मामलों की उलझन, माफिया का बोलबाला, तमाम तरह की इश्किया परेशानियाँ आम जनता की अदालत में संवेदना की माँग कर रही हैं। बड़े बड़े घरों की भोली-भाली स्त्रियाँ शादी, रखैल, प्रेमिका, ईर्ष्या, द्वेष, कैरियर, छल-कपट जैसे भाँति-भाँति के द्वन्द्वों-अंतर्द्वन्द्वों में फँसी हैं। फिर भी काफी चंगी और स्निग्ध हैं। तेल, साबुन, टूथपेस्ट, पान मसाला, मैगी, बरगर, बियर वगैरह ने दाल चावल, अनाज, तरकारी की जगह ले ली है। फैशन डिजाइनर के बिना कुछ भी पहनना ओढ़ना सम्भव नहीं रहा। हत्या, बलात्कार, भूत-प्रेत, सेक्स, सुनामी, जासूसी और रेल दुर्घटना एक-सा मनोरंजन हैं। 'थ्रिल, थ्रिल' यही माँग यत्र तत्र सर्वत्र! इसीलिए अपराध हो जाने के बाद ही पुलिस का काम शुरू हो पाता है और वह आम आदमी की तरह खोज-रपट का इन्तजार करती रहती है। नेता आज अपराधी, कल महान, परसों पदासीन नजर आते हैं। दुनिया क्या से क्या हो गई है!

कुछ दशकों पहले जनतंत्र में जो जनता के पास था वह बाजार के पास चला गया है। मुनाफा, बाजार का एकमात्र मूल्य है। बाजार स्वयं आपना भोक्ता तो है नहीं, उसे उपभोक्ता की जरूरत है। लेकिन वह मुनाफे को केन्द्र में रखकर ऐसे उत्पाद बनाता है जो आम जनता की जरूरत के बजाए, जरूरत का आम आदमी बना रहा है। उदाहरण के लिए बाजार में एक से एक फेशियल, बाल रंगने की चीजें, साबुन, पाउडर के ढेरों ब्राण्ड, मसाले, मोबाइल्स, तरह-तरह के टीवी, मोटर साइकिलें, कारें, हीरों के नए नए सेट्स आ गए। यानी बाजार उन चीजों से पट गगा है जो आपको अपनी जरूरतें समझाने, बल्कि उकसाने, स्पर्द्धा करने, सम्मोहित करने के लिए तरह-तरह से गाता, नाचता, कथा कहानी कहता, हर उम्र और संबंध को

भुनाता, याचक की मुद्रा में आपके दरवाजे पर खड़ा, आपके घर में घुसा आपको खुश करने में जुटा है, और खुश होना आपकी मजबूरी हो गई है। आप जिसे निवेदक, सम्मोहक और अपना प्रिय समझ रहे हैं उसका असली चेहरा कभी देख न पाएँगे। क्या आपको लगता है कि जब आप विज्ञापन देख रहे होते हैं तब भी आप उस विज्ञापन का खर्च उठा रहे होते हैं और जब चीजें खरीद रहे होते हैं तब भी उसमें वह खर्च शामिल होता है जो विज्ञापन पर हुआ है, जबकि इसी विज्ञापन के कारण आप आधुनिकतम उपलब्धियों द्वारा एक बड़े नकार में बदल दिए गए हैं।

सूचना, संस्कृति, साहित्य, कला, ज्ञान, विज्ञान, मनोरंजन, जीवन सब कुछ परिभाषित वे कर रहे हैं और भुगतान आप कर रहे हैं। वे कहीं से भी आपका रस 'ब्रेक' कर देते हैं और आप उसी 'ब्रेक' में रस लेने लगते हैं! असल में दृश्य माध्यम हो या मुद्रित माध्यम, ये जीवन को अर्थवान बनाने के लिए हैं, आपकी सचाई, आपके संघर्ष को जिंदा रखने के लिए हैं; दिशा देने के लिए हैं, मनुष्यता और संवेदना से आपकी मुलाकात कराने के लिए हैं। परन्तु एक विकट अर्थशक्ति ने दृश्य, श्राव्य, मुद्रण की महाशक्ति को रौंद दिया है। वह नियामक का दम्भ भरते हुए भी घटनाओं का,स्थितियों का दास बन गयी है। पलपल बढ़ते तापमान के बावजूद आप उसके भीतर का भूडोल अनुमानित नहीं कर पाते। सिर्फ देख पाते हैं कि आज जो घटना बड़ी ही उत्तेजक और नकारात्मक है, वह कल ढीली और सकारात्मक, परसों मटमैली और उछालात्मक तो नरसों ऊँघती और उदासात्मक हो जाती है, और अन्त में शान्त रस में लीन हो जाती है। मूर्ख बनकर सब कुछ देखो, पढ़ो और दिन पर दिन भोथरे, भावहीन होते जाओ। यही न होना है, ऐसे में।

गत दिनों एक सनसनीखेज खबर आई कि बाल विवाह का विरोध करने पर एक स्त्री के हाथ काट दिए गए हैं। तीन दिन में इस खबर की मिट्टी इस तरह पलीत हुई कि कहा गया यह आपसी रंजिश का मामला है, बाल विवाह से इसका कोई लेना-देना नहीं। और मामला चुपचाप मीडिया के बाहर हो गया! सवाल यह है कि हाथ काटने की घटना यदि बाल

विवाह के विरोध में नहीं हुई थी तो दो दिन तक देशभर में ऐसी वीभत्स सनसनी क्यों फैलाई गई ? विदेशों में देश का ऐसा क्रूर चित्र क्यों पेश किया गया ? अगर सामूहिक मानसिक क्षति और राष्ट्रीय क्षति का मीज़ान लगाएँ तो उसका कितना परिमाण होगा ? और अगर यह सचमुच ऐसे ही घटित हुई तो कल की सुर्खी और उत्तेजना के लिए पश्चात्ताप और क्षमायाचना क्यों नहीं की गई ? और अगर दो दिन में निहित स्वार्थों द्वारा सत्य को प्रदूषित किया गया तो इस प्रवृत्ति को सप्रमाण बेनकाब क्यों नहीं किया गया ? समाचार क्या अफवाह होता है ? क्या सिर्फ क्षणिक समाचार होता है—सामाजिक-राष्ट्रीय जिम्मेदारी नहीं ? उत्तेजनाधर्मी मीडिया को यह सोचना चाहिए कि किसी सांघातिक घटना का समाचार संदिग्धता के लिए एक अंतराल (स्पेस) चाहता है। इसका कुछ ध्यान वह राजनीति में तो रखता है, लेकिन सामाजिक खबरों में प्रायः नहीं। शायद इसलिए कि राजनीतिक या अन्य प्रभावी लोग तो खबरनवीस की भी खबर ले सकते हैं—जबकि सामाजिक घटना की खबर तो गरीब की जोरू है। आज वक्त आ गया है कि सूचना से सत्य के संबंधों पर शोध की जाए। क्या आज सूचना-माध्यम कहीं एक अविश्वसनीय नाटकीय तंत्र में तो नहीं बदल गया ? यह गौर करना चाहिए कि माध्यम द्वारा मानव मन पर डालने वाला झूठा प्रभाव एक प्रकार का सामूहिक नरसंहार है।

लगता है फिलहाल मीडिया प्रायः जन-माध्यम से धन-माध्यम होता जा रहा है। (और अगर इसका कुछ हिस्सा इससे बचा हो तो यह एक मुबारक खबर है।) यह ऐसी सूर्य किरणों (मृगतृष्णा) में बदल रहा है, जिसमें बैठा मगरमच्छ अपने मुखहीन मुख से तमाम गरीब देशों की अस्सी प्रतिशत जनता को आहार बनाने पर तुला है। क्या किसी ने सोचा था कि इक्कीसवीं शती का मीडिया उनका होकर रह जाएगा जो बाजार के मालिक होंगे। एक जगाने में बर्ट्रेंड रसल ने कहा था कि दुनिया में सुन्दर, सशक्त, मेधावी, उँचे पूरे लोगों की नस्ल को ही बचाए रखना चाहिए और कमजोरों, बीमारों, अविकसितों, कुरूपों को या तो मार देना चाहिए या उन्हें प्रजनन विहीन बना देना चाहिए। (मैरिज एण्ड मॉरल्स) बर्ट्रेंड रसेल ऊँचे लेखक

थे। पर यह विचार एक घटिया और अधूरा विचार था, मगर अब यह जो विचार आया है कि गरीबों को अपने आप धीमी मौत से मरने दो, नई उपलब्धियाँ और अवसर उनसे दूर रखो, सिर्फ उन्हें तरसाते, ललचाते रहो, ताकि कोई वक्त आए कि वे दुनिया को बीस प्रतिशतों के लिए खाली छोड़ दें—बेहद घिनौना और नृशंस सोच है।

(जून 2005)

हिन्दी का साफ्टवेयर उपकरण

एक सार्थक उपक्रम

पिछले ढाई-तीन दशकों में जिन विद्याओं का तेजी से विकास हुआ है, उनमें सूचना प्रौद्योगिकी का स्थान पहला है। क्योंकि इसका प्रत्यक्ष संबन्ध भले ही ज्ञान से हो, परोक्ष और गहरा संबन्ध भूमंडलीकरण की बाज़ारवादी आवश्यकता से है, जिसका सबसे जरूरी मूल्य 'उत्पाद का प्रचार' होता है, जो सूचना के अंतरराष्ट्रीय प्रसार से ही पाया जा सकता है। जैसे चीजों की गुणवत्ता, वैसे ही भाषाओं की गुणवत्ता को हाशिये में डालकर उनका ऐसा रूप पेश करना लगातार बढ़ रहा है, जो ऐसी कृत्रिम (सिंथेटिक) किस्म की बनावट है, गोया कोई चेचक के दागों से भरी औरत ब्यूटीपार्लर से विश्वसुन्दरी बनकर निकली हो। यह शुद्ध रूप से बाजार की जरूरत है कि वह देशी-भाषाओं में अंग्रेजी की खिचड़ी पकाए या रोमन में लिखे देशी भाषाओं के प्रचार पट्ट (होर्डिंग्स) से दिमाग और आसमान दोनों को ढक दे, क्योंकि उत्पादों का लिखित रूप अंग्रेजी है और ग्राहकों का बड़ा वर्ग ऐसी ही खिचड़ी भाषा का नवाब है। भोले लोग भाषा के इस छल को अपनी भाषा का प्रसार मानते हैं, लेकिन यह न तो भाषा का प्रजातंत्र है और न ही भाषाओं का अभिसार; बल्कि यह बाजार का 'तीसरा पृष्ठ'

है या अराजकता है जो भाषा को ऐसे मोर्चे पर खदेड़ देती है जहाँ उसकी मृत्यु सुनिश्चित भी हो और दिखाई भी न दे। सूचना की यह रक्तहीन क्रांति बेरोक-टोक अश्वमेध के घोड़े दौड़ा रही है। यों विश्वबाजार में ऐसी कई चीजें समानांतर चल रही हैं, जो एक दूसरे का समर्थन और आच्छादन हैं। लेकिन उनकी बहस यहाँ नहीं छेड़नी है, क्योंकि फिलहाल इसके एक अन्य जरूरी पक्ष पर विचार करना है।

सूचना के क्षेत्र में संगणक (कंप्यूटर) सबसे महत्त्वपूर्ण हो उठा है। क्योंकि अब यह मात्र टंकण या मुद्रण की विभिन्न आवश्यकताओं और परिकल्पनाओं की पूर्ति मात्र नहीं करता बल्कि मनुष्य के भीतर उठे प्रश्नों, कौतुकों, वैश्विक ज्ञान की भूख को शांत करता है और भाषाओं, देशों के बीच की बाड़ तोड़ देने की उत्कटता और ज्ञान के सर्जनात्मक समुद्र में कूद पड़ने की अदम्यता के लिए तिलस्म की तरह खुल गया है। जादुई और मायावी (मेजिकल और वर्चुअल) यथार्थ को हाथ में रखा आँवला बनाने वाला उपकरण बन चुका है संगणक। वहाँ जाकर आप स्वेच्छा से चयन और ज्ञान के पारावार से साक्षात्कार कर सकते हैं। अब यह समाचारपत्र, आकाशवाणी, दूरदर्शन जैसे पारंपरिक और प्रचलित माध्यमों के लिए भी स्रोत है।

प्रारम्भ से संगणक पर अंग्रेजी का कब्जा रहा है। जापान, चीन जैसे आत्म-सजग देशों को छोड़ दें तो आमतौर पर विश्व के अधिकांश देशों को इस क्षेत्र में अंग्रेजी की पराधीनता स्वीकार करनी पड़ी है। वैसे हम जानते हैं कि सॉफ्टवेयर उपकरण (संगणक कार्यक्रम का इसे मस्तिष्क कहना चाहिए) के मामले में प्रतिभावान भारतीय इंजीनियर दुनियाभर में अग्रणी हैं। उन्होंने विश्व में अपनी धाक जमा रखी है, परन्तु उन्हें भी प्राय: विदेशों की और अंग्रेजी की सेवा में अपने को खपाना पड़ता है। भारत में संगणक के प्रचलन को तीन दशक होने आए, उसके पास ढेर सारी प्रतिभाएँ भी हैं, तो भी अब तक राष्ट्रभाषा में संगणक से पूरी तरह काम करना सम्भव नहीं हो पा रहा है। कई सार्वजनिक और निजी तकनीकी संस्थाओं और व्यक्तियों ने इस दिशा में कोशिशें की हैं, लेकिन

उनके आगे कभी हिन्दी फॉण्टों का झमेला आ जाता है, तो कभी स्थानांतरण और रूपांतरण की जटिलता। 'वर्ड' का 'पेजमेकर' में बदलना, किसी शब्द-समूह को पटल (स्क्रीन) पर खोजना, ई-मेल, इंटरनेट में नागरी हिन्दी का उपयोग करना, अकारादि क्रम में सूची बनाना (वर्ड प्रोसेसर) या त्रुटियों की तलाश करना आदि में कई दिक्कतें उन्हें दिखाई देती हैं। अंग्रेजी में जो सहज संभव है, हिन्दी में या तो नहीं है या दुर्लभ है। पिछले दिनों चाणक्य फॉण्ट की हिन्दी-वर्तनी की जाँच (स्पैल चैक) सम्बन्धी साफ्टवेयर का प्रयोग करते हुए देखा कि उसने एक पृष्ठ पर 4 शब्दों को संशोधित किया। लेकिन उनमें से तीन सही शब्दों को गलत कर दिया। जाहिर है कि जिन लोगों ने शब्दावली तैयार की होगी, वे हिन्दी से कम परिचित रहे होंगे, या भाषा की अंतरंग रचना से अपरिचित होंगे। संभव है वे अंग्रेजीदाँ या शुद्ध तकनीकी लोग हों। परन्तु ऐसी तमाम विसंगतियाँ, कमियाँ और कठिनाइयाँ अपनी भाषा में काम करने वालों को उससे परे करती हैं। लोग झुँझलाकर वापस अंग्रेजी के रास्ते पर आ जाते हैं। इस तरह ऐसे तमाम काम औपचारिक बनकर रह जाते हैं। संस्थाओं और व्यक्तियों का पैसा, समय और शक्ति बर्बाद होती है, सो अलग।

नई तकनीक को लेकर काम करने की प्रारंभिक कठिनाइयाँ हिन्दुस्तान में जरा ज्यादा ही हैं। संकल्प, उसके लिए जूझना, ऊर्जा, प्रतिभा और साधन की एक साथ उपस्थिति और उनका समन्वयन यहाँ—खासकर सार्वजनिक क्षेत्र में—बहुत कम है। निश्चय ही इसके लिए श्रम, प्रतिभा और लगन की कमी ही नहीं, नौकरशाही की तर्ज का प्रबंधन भी जिम्मेदार है। इधर पिछले कुछ दशकों में निजी संस्थाओं और उपक्रमों ने व्यापारिक लाभ को ही अपना एकमात्र लक्ष्य बना लिया है और हिन्दी के सारे मामले इनके लिए सहज लाभकारी नहीं रहे। जनसेवा अब इनके लिए एक फालतू चीज है। तब वे हिन्दी सॉफ्टवेयर बनाने जैसी चुनौती भरी जटिल प्रौद्योगिकी में क्यों उतरें! इसके पीछे स्वयं उद्यम से बचने और भूमंडलीकरण के जरिए दलाली की सुविधा का भोग करने की इच्छा भी काम कर रही है।

ऐसे में हिन्दी और अन्य भारतीय भाषाओं के फॉण्ट और सॉफ्टवेयर उपकरण को सार्वजनिक उपक्रम ही उपलब्ध करा सकता था। परंतु यह अत्यंत सुखद है कि भारत सरकार के सूचना एवं प्रौद्योगिकी मंत्रालय ने न केवल स्वयं के उद्यम से बल्कि निजी क्षेत्र के उद्यमों, शिक्षा केन्द्रों, अनुसंधान एवं विकास संगठनों के प्रयासों को समन्वित कर जनता को सॉफ्टवेयर उपकरण और फॉण्टस् उपलब्ध कराए हैं और सार्वजनिक उपक्रमों तथा सरकारी तंत्र के बारे में बनी इस धारणा को खण्डित किया है कि वह आलसी, महँगा और लचर है। तमिल के सॉफ्टवेयर-उपकरणों और फॉण्ट के दो-तीन माह बाद ही उक्त मंत्रालय की वैज्ञानिक संस्था 'उन्नत अभिकलन विकास केंद्र' (C-DAC—'सेंटर फॉर डेवलमेंट ऑफ एडवांस कंप्यूटिंग') ने वर्षों से किए गए प्रयत्नों के फलस्वरूप हिन्दी सॉफ्टवेयर उपकरण और फॉण्टस् जनता के लिए उपलब्ध कराया है। उसने हिन्दी भाषा उपकरण की वेबसाइट भी उपलब्ध कराई है, जिसके जरिए सॉफ्टवेयर उपकरण और फॉण्ट डाउनलोड (प्राप्त) कर सकते हैं। इस तरह हिन्दी और अंग्रेजी के बीच ज्ञान के अंतराल को कम करने की कोशिश सफल हो सकेगी। इससे देश के मध्यमवर्गीय समुदाय से लगाकार महिलाएँ, बच्चे, गरीब—सभी लाभान्वित हो सकेंगे। और अगर सही मायने में, बड़ी तादाद में जनता के पास यह सी.डी. पहुँची और उसके सभी कार्यक्रमों के प्रयोग में वह दक्ष हो सकी तो यह उस पराश्रयी निजी उद्यमों के लिए भी एक सबक होगा जो साधारण जनता की उपेक्षा कर चीजों के लिए उपभोक्ता पैदा करने की विपरीत विज्ञापन प्रणाली के नए-नए गुर सीखने में ही माहिर हो रहे हैं।

जहाँ तक उपर्युक्त सॉफ्टवेयर उपकरण और फॉण्ट को जन-जन तक पहुँचाने का सवाल है, यह तभी सार्थक होगा जब जनता को सस्ते और ऐसी क्षमतावाले संगणक उपलब्ध कराए जा सकेंगे, जो बिना खर्च या कम खर्च में नित नई उन्नत प्रौद्योगिकी के उपकरणों को आत्मसात कर सकें। आज की तरह अगर साल दो साल में संगणक पुराने पड़ते गए और हर वक्त तरह-तरह के उपकरणों और रख-रखाव की माँग करते

रहे तो साधारण जनता के लिए उच्च तकनीकी उपलब्धि के क्या मानी रहेंगे। बहरहाल हिन्दी के नाम पर बहुत से निरर्थक या कड़े शब्दों में कहें तो वाहियात कामों में जो अपार धन खर्च होता है, उसकी धारा यदि इस तरफ या ऐसे सार्थक कामों की तरफ मोड़ी जा सके तो भाषा का भी भला होगा और उस पैंसठ करोड़ जनता का भी जिसे यह नया उपक्रम 20 जून 2005 को विज्ञान भवन में भेंट किया गया है।

जो सॉफ्टवेयर उपकरण जनता को निःशुल्क उपलब्ध होगा उसके अन्तर्गत कंप्यूटर का मुख्य चालक (आपरेटिंग सिस्टेम) विंडोज़ 95, 98, 2000 और विंडोज़ एक्स.पी. शामिल है। इसके अलावा तीन सौ पचास प्रकार के फॉण्टस् हैं जिनसे नागरी लिपि विविध कलात्मक रूपों में लिखी जा सकती है। इस सॉफ्टवेयर में वर्तनी की जाँच (Spell-Check) का प्रावधान भी है और एक हिन्दी-अंग्रेजी शब्दकोश है जिसमें शब्द खोजने की प्रणाली भी है जैसे कोई नाम और पता कहाँ है या कितनी बार है इसकी खोज की जा सकती है। ई-मेल की सुविधा भी इस सॉफ्टवेयर उपकरण में है जिससे नागरी में ई-मेल भेजा और पाया जा सकता है। इस सॉफ्टवेयर उपकरण मेँ एक हिन्दी-अंग्रेजी टंकन शिक्षक भी है जो रोमन कुंजी पटल (की-बोर्ड) का अक्षर दबाने पर नागरी लिपि में बोलता है और इस तरह नया व्यक्ति भी प्रशिक्षित हो सकता है। फॉण्टस् के परस्पर बदलाव की भी इसमें व्यवस्था है और किसी फॉण्ट को ग्रहण करने में जो दिक्कतें थीं वे भी दूर हो गई हैं। इसमें स्कैनिंग (ओ.सी.आर.— एक पद्धति जिसके माध्यम से छपे हुए पृष्ठों को पुनर्पाठ में बदला जाता है जिससे उसे बिना फिर से टंकित किए संपादित किया जा सके) तथा सम्पादन की व्यवस्था भी है। इस सॉफ्टवेयर उपकरण के माध्यम से आदेश (कमाण्ड) देने पर अंग्रेजी से हिन्दी में अनुवाद किया जा सकता है। वैसे अभी अनुवाद की प्रामाणिकता और स्वाभाविकता की समीक्षा होनी है। पता नहीं इस सॉफ्टवेयर उपकरण में यह व्यवस्था भी है या नहीं कि आप इसे बोलकर भी लिखा सकें और लिखित का संशोधन-संपादन कर सकें हैं।

ऐसा नहीं है कि उक्त सारे संगणक कार्यों के लिए हिन्दी में सॉफ्टवेयर फॉण्ट आदि उपलब्ध नहीं थे। परन्तु न तो इतनी सर्वांगपूर्णता थी, न प्रामाणिकता। कई बार अलग-अलग कामों के लिए अलग-अलग सॉफ्टवेयर होते थे, इस तरह की कई दिक्कतें थीं। पहली बार जनता को बहुत विकसित सॉफ्टवेयर उपकरण और फॉण्ट मिल रहे हैं। ये इस क्षेत्र के अभाव के साथ ही एक प्रकार की ठगी को भी खत्म करेंगे। पायरेसी या नकल को लेकर फैला आतंक भी समाप्त होगा, क्योंकि कोई भी इन्हें वेबसाइट से ग्रहण (डाउन लोड) कर सकता है।

परन्तु इसका एक चिन्तनीय पहलू भी है कि सॉफ्टवेयर के शब्दकोश और उसकी भाषिक संरचना में हिन्दी का कठिन और कृत्रिम रूप है। भला बताइए कि ऐसी जटिल भाषा जिसका लिखा जाना सिर्फ औपचारिक हो और वह पाठक तक न पहुँचे तो उसके क्या लाभ होंगे? सॉफ्टवेयर उपकरण और फॉण्टस् के लोकार्पण की स्मारिका में शायद इसी अनुवाद का सहारा लिया गया है जो ज्यों का त्यों दे रहा हूँ (कोष्ठक लेखक के हैं):

'मूल्य श्रृंखला एक उच्चस्तरीय मॉडल दर्शाती है कि जनशक्ति की विशेषज्ञता तैयार करके, अनुसंधान के विशिष्ट क्षेत्रों में मुख्य क्षमता का निर्माण करके, साधनो (साधनों) उत्पादो (उत्पादों) तथा समाधानों का विकास करके अंततः राजस्व के सृजन के लिए उनका नियोजन करके किस प्रकार अनुसंधान एवं विकास के कार्यकलाप किए जाते हैं। इस प्रकार की प्रतिस्पर्धी अर्थव्यवस्था में सफलता की एक महत्त्वपूर्ण पूर्व-अपेक्षा एक ऐसी एकीकृत मूल्य श्रृंखला का कार्यान्वयन करना है जो अपने संगठन के साथ-साथ संगठन से बाहर भी व्याप्त हो।' (—बताइए क्या समझे?)

जनता को निःशुल्क सॉफ्टवेयर देने की घोषणा और जनता तक पहुँचाने का दर्द झेलना दो बातें हैं। जनता तक सपनों को पहुँचाने के लिए हर तरह की जटिलता की खाईयाँ पार करनी होती हैं तभी हमारे द्वारा किए प्रयत्न, संकल्प और निष्ठा उसी अर्थ में पहुँच सकेगी जिसमें पहुँचना चाहिए।

सरकार ने एक साल के भीतर कुछ और कंप्यूटर उत्पाद जनता को उपलब्ध कराने की घोषणा की है : (सरकार के ही शब्दों में) : 'सभी भारतीय भाषाओं में निःशुल्क फोंट (टीटीएफ तथा एटीएम) एवं शब्द संसाधक/ सूचना की प्राप्ति तथा अंकीयकरण के लिए सभी भारतीय भाषाओं में प्रकाशिक अक्षर पहचान (ओ.सी.आर.)/ रेलवे सूचना, स्वास्थ्य की देखभाल, कृषि, आपदा प्रबन्ध जैसी प्रणालियों तथा सार्वजनिक उपयोगिता की अन्य सेवाओं के लिए वाणी इंटरफेस/ भारतीय भाषाओं तथा अंग्रेजी के बीच ऑन-लाइन सेवा उपकरण/ सरकार का टी डी आई एल.—डी सी (भाषा प्रौद्योगिकी उपयोगिता वितरण चैनल) के लिए एक समयबद्ध कार्यकलाप योजना/ विकसित प्रौद्योगिकियों को बाजार के लिए उन्मुक्त करना/ उत्पाद तैयार करने के लिए प्रौद्योगिकियों का दर्जा बढ़ाना तथा उनमें परिशोधन करना/ आवश्यकता पर आधारित नई प्रौद्योगिकियों का विकास करना।'

एक महत्त्वपूर्ण कार्य को सक्रिय रूप में साध लेने के बाद तो हम आशा कर ही सकते हैं कि सरकार इस समयबद्ध कार्यक्रम को पूरा करेगी और जनता के सर्वांगीण विकास में नवीन प्रौद्योगिकी के सही उपयोग को संभव बनाएगी।

(जुलाई 2005)

उच्चशिक्षा का पहला पाठ

कोई काम कहीं से तो शुरू करना ही होता है। भले ही वह पहले हवाई जहाज की पहली उड़ान हो, या पहले उपग्रह की पहली उड़ान। आप उपग्रह छोड़ने के लिए सीधी गिनती करें चाहें उलटी,उसे उड़ान के पहले क्षण से गुजरना ही होगा, बाद में वह भले ही आसमान नाप ले और मंगल या शनि तक पहुँच जाए। इस पहले क्षण का या 'प्रथम' का तो अनुभव ही निराला होता है। पहलेपहल जब मनुष्य चाँद पर पहुँचा था तो सारी दुनिया कितनी रोमांचित हुई थी। अरबों कान रेडियो से चिपके थे और कल्पना की आँखों ने प्रत्यक्ष आदमी को चाँद पर चलते देखा था। फिर भाँति-भाँति के उपग्रहों का जाना हुआ। नासा रोज-रोज प्रयोग करता रहता है; लेकिन फिर वह रोमांच, वह बेकली नहीं रही। प्रेम और रोमांस का पहला क्षण कितना थरथराता और अद्भुत उमंग की यात्रा जैसा लगता है! बाद में वही घिसे सिक्के-सा हो जाता है। पहली बार जब हिमालय देखा था तो कितना विचित्र, अकथनीय आह्लाद हुआ था, फिर कई बार देखा पर वह बात कहाँ,और पहाड़ में रहने वाले तो रोज देखते हैं—पर क्या उन्हें वैसा रोमांच रोज़-रोज़ होता है ? यों विराट् और अगाध को देखना हर बार प्रीतिकर है पर प्रथम दर्शन चाहे हिमालय का हो या समुद्र का; कुछ अलग, कुछ अवर्णनीय सुख देता है, अगर उसे शब्दों में बाँध सकता है तो कोई बड़ा

स्रष्टा—जैसे वाल्मीकि या कालिदास। वही बहुत बार देखे-सुने को ऐसा अनुभव कराता है जैसे यह आस्वाद 'नया' हो। इसी को सुन्दरता कहते हैं—'क्षणे क्षणे यन्नवतामुपेति तदेव रूपं रमणीयताया:' हर क्षण जो 'नया' या 'प्रथम' का स्वाद दे, वही सुन्दरता यानि सुन्दरता 'नवता' में बसती है—'प्रथम' में।

जैसे ब्रह्म के बारे में सब कुछ कह देने के बाद भी ऋषि पस्त होकर कहता है—'नेति नेति' वैसे ही 'प्रथम' शब्द के बारे में भी सब कुछ कह चुकने पर आपको नेति नेति का सहारा लेना पड़ेगा। प्रथम के कितने दिक्-काल हैं, कितने रंग-रूप हैं, गंध-स्वाद हैं, स्पर्श और बोध हैं, सपने और सच हैं, रोमांच और भय हैं, सुख और दु:ख हैं, राग और विराग हैं, दर्शन और जीवन हैं! मानो संसार का सार इस शब्द में समाया है। 'प्रथम' का बयान कहाँ से शुरू करें और यह कहाँ खत्म होगा, कुछ अता-पता नहीं। जैसे शून्य के केनवास पर बनाया कोई चित्र हो जिसमें असंख्य रंग भरे हैं।

जिस दुनिया में रह कर हम 'नए' का आस्वादन करते हैं वही दुनिया जब जन्मी होगी तो कैसे, कब और किस तरह के कॉस्मिक सृजन-सुख में डूबी हुई! महावराह ने पृथ्वी को समुद्र की अथाह लहरों में से जब निकाला होगा तो गर्भ से निकले शिशु जैसी स्निग्ध तरलता में भीगी थी वह। उसके निनाद से अंतरिक्ष भर गया। कैसा अद्भुत आलोड़न-विलोड़न हुआ होगा! पृथ्वी के जन्म का क्षण! सारे जन्मों की माँ पृथ्वी का जन्म! अनंत हलचलों और अगाध रस-विरस, और अकथनीय उत्थान-पतनों की माँ पृथ्वी का जन्म! कैसी संकेत-गर्भित है यह कथा! पर मनुष्य की जिज्ञासा का अन्त नहीं; सच को जानने की हलचल कभी कम नहीं होती। हजारों वर्षों से तरह-तरह की अटकलें और खोजें! पढ़-पढ़कर लगता है कि इस 'प्रथम' की खोज में वैज्ञानिक भी कवि हो जाता है! कल्पना और अनुमान ही तो कविता का विराट् सिरजता है!

उधर विचारक-ऋषि (मंत्रदृष्टा) तक चक्कर में पड़ जाता है कि सृष्टि

का जन्म सत् से हुआ या असत् (शून्य) से? वह कहता है कि हो सकता है हिरण्यगर्भ के परम विस्फोट से जन्मी हो पृथ्वी। वहाँ से मगजपच्ची करते-करते वैज्ञानिक स्टीफन हाकिंग्स तक और आगे तक यहाँ पहुँचते हैं कि— मृत ब्रह्मांड 'बिगबैंग' के विस्फोट से पृथ्वी जन्मी है। भला बताइए वह 'जीवन' कैसा जो 'मृत' के विस्फोट से जन्म ले! विज्ञान को कुछ देर के लिए अगल रखें और इस उलटबासी पर गौर करें कि मृत के विस्फोट से चराचर सृष्टि की जन्मदाता धरित्री का जन्म हुआ! यानि जब तक हम अपने भीतर का मृत या जड़ नहीं फोड़ते तब तक कुछ नया नहीं जन्मता। मृतक के आगे चलने वाली आग की हाँडी, और जलभरा घड़ा चिता के पास क्यों फोड़ा जाता है? जैसे कहा जा रहा हो कि इस मृत को फोड़ो नए जीवन के लिए। घनघोर रात को फोड़ कर ही सुबह पृथ्वी जन्म देती है गुलाबी कपोलों वाले रवि को, और शाम को जब यह बूढ़ा हो जाता है, तो रात के अँधेरे जलों में सिरा देती है वह, परन्तु हारती नहीं, रात में वह फिर गर्भ धारण करती है और नई सुबह में फिर नए छोने को जन्म देती है। इसी से यह सृष्टि-चक्र नित्य नूतन है। दुनिया इसी से कभी बासी नहीं होती। रोज रोज जीवन का पहला क्षण, पहला दिनमान। 'काल' इसी को कहते हैं जिसमें बचपन के पीछे जवानी और जवानी के पीछे बुढ़ापा परछाईं की तरह चलता है परन्तु देश वह है जिसमें बुढ़ापा सबसे आगे होता है फिर जवानी और अंत में बचपन! काल और देश का यह चक्र है जो नित्य नूतन सृजन को रुकने नहीं देता। काल के अन्त से देश प्रारम्भ होता है और देश घूमते घूमते काल में बदल जाता है। क्या इसीलिए मुहावरे में कहते हैं— 'दुनिया गोल है।' दरअसल दिक्-काल का यह आवर्तन 'प्रथम' या 'नूतन' को खोजने की चलित प्रयोगशाला है।

जन्म लेने के बाद जब बच्चे की आँख में ज्योति उतरती होगी और पहली बार जब वह दुनिया देखता होगा तो उसके बोध में कौन से भावों का 'अवतरण' होता होगा? कैसी विचित्र, अनोखी लगती होगी उसे दुनिया,

चलती-फिरती छायाएँ, माँ का मुख और बालों की लट! पहली बार स्तन टहोकते बालक के सुकुमार हाथ माँ को कैसे लगते होंगे। यह सृजन-क्षण के स्पर्श-अनुभव से कितना अलग होता होगा—दोनों 'प्रथम' स्पर्श नए हैं, इसलिए अद्वितीय भी। तभी दो ऐंद्रिय संवेदनों में से एक को वात्सल्य और दूसरे को शृंगार कहते हैं। हालाँकि बच्चे के प्रथम अनुभव को किसी शास्त्र ने परिभाषित नहीं किया, क्यों? क्या उसे परिभाषित करना सम्भव नहीं?

बच्चा हमारी दुनिया में आता है, तो अपनी-अपनी हैसियत और तरीके से हर कोई उसका स्वागत करता है। हालाँकि यह कम्बख्त दुनिया कई बार बच्चे को ऐसा बोध देती है जैसे वह (पशु लोक में—नहीं, यह पशुओं के साथ ज्यादती होगी) दैत्य लोक में आ पहुँचा हो।

असल में बात तो यहीं से शुरू करनी थी, इसी इरादे से कलम उठाई थी; पर जैसे मोर से बड़ी मोर की पूँछ होती है, वैसे ही कई बार बात से ज्यादा बात की लमतरानी हो जाती है; जैसे वक्ता से ज्यादा संयोजक बोलता है या मंचीय कवि कविता से ज्यादा चुटकुले और भाषण पेलता है। हर बार लगता है कि कविता शुरू करेगा, लेकिन पट्ठा फिर चुटकुले पर आ जाता है। बहरहाल।

बात जीवन में 'प्रथम' की सत्ता और 'प्रथम' अनुभव की चल रही थी। और वह भी बच्चे की जो हर पल दुनिया में नए-नए अनुभव लेकर बढ़ता है और 'शिक्षा' के द्वार पर पहुँचता है। कई नदी, नाले, खाई, कुएँ लाँघता है, शरीर के साथ ज्ञान के। यह बात इस वक्त इसलिए उठी कि यह ऋतु नई कक्षा, नए स्कूल, नए कॉलेज में प्रवेश की ऋतु है। हर स्तर पर विद्यार्थी का यह अनुभव नया होता है। परन्तु अभी हम केवल उच्च शिक्षा के लिए महाविद्यालयों में प्रवेश लेने वाले छात्रों के पहले दिन, प्रथम परिचय, स्वागत या इंट्रोडक्शन बनाम रेंगिग की चर्चा करेंगे।

क्या कारण है कि महाविद्यालय या उच्च शिक्षा संस्थानों में जाने वाले युवतर छात्रों के दिल वहाँ जाने से काँपते, धुकधुकाते हैं? जबकि वे शिक्षा के नए सोपान पर चढ़ने और नए परिवेश में जाने को उत्सुक रहते हैं। यह उत्सुकता क्यों मर-मिट जाती है? क्यों उन्हें उनका वह सुख की वह उमंग,

वह सुन्दरता नई दुनिया नहीं मिलती जो उनकी प्राप्य है। इसलिए कि महाविद्यालयों और उच्च संस्थानों में जाने से पहले ही रैगिंग का पिशाच उनके पीछे लग जाता है और जाते ही उन्हें दबोच लेता है। पहले लड़कियों के कॉजेल या कॉलेज की लड़कियाँ इस रोग से मुक्त मानी जाती थीं, उन्हें अधिक शीलवान, सुकुमार वगैरह-वगैरह विशेषणों से विभूषित किया जाता था, लेकिन अब इन बेकार के आभूषणों और परिधानों को उन्होंने उतार फेंकने की ठान ली है। लिहाज़ा वे भी उसी तरह रैगिंग में लिप्त रहती हैं जिस तरह लड़के; यहाँ तक कि वे अपनी सीमा से बाहर बतौर एडवेंचर भाँति-भाँति के रेगिंग लेने लगी हैं और लड़के तो अर्से से ऐसी सीमाएँ तोड़ ही चुके हैं।

पता नहीं यह प्रथा कब से चली, परन्तु जरूर यह तभी से चली होगी जबसे सामंतवाद बच्चों के जीवन में उतरा होगा या उतार दिया गया होगा। जब से वर्ग भेद वाले संभ्रांत शिक्षण-संस्थान खुले होंगे। शिक्षा में सामंतवाद के प्रबल होने के साथ ही शिक्षा का अभिमान भी जुड़ गया होगा। 'विद्या ददाति विनयम्' या 'सा विद्या या विमुक्तये।' जैसे आदर्शवाक्य पुस्तकों में रह गए होंगे। महाविद्यालय का दबदबा, अंग्रेजी शिक्षा में छिपी साम्राज्यवादी मनोवृत्ति, शिक्षा की ऊँची कीमत और शिक्षा का दंभ, इन सबने बच्चों के मानस को इस तरह प्रदूषित कर दिया कि उनमें शासन करने की इच्छा पैदा हो गई, नेतृत्व की नहीं। इसी से वे दुष्ट हो गए हैं, क्योंकि शासन के साथ क्रूरता और दमन आ ही जाता है। सवाल यह है कि ये शासनेच्छु शासन किन पर करें ? तो यह जुल्म, दमन, शासन वे उन नवागत विद्यार्थियों पर ही कर सकते हैं जो अभी महाविद्यालय के लिए नौसिखिए हैं, अल्पसंख्यक हैं, अभी अभी स्कूल से आए हैं और स्कूल से कॉलेज में आना एक तरह से स्थानांतरण नहीं, अवस्थान्तरण और युगांतरण होता है। तो ऐसे नए आए छात्रों पर शासन करने की शैली का नाम पड़ा 'रैगिंग'। इसमें सामंतवाद ने ऊँचनीच का मानक नए-पुराने में बदल दिया। क्योंकि कोई भी शासनेच्छा, शोषण और दबाब की पद्धतियाँ बदलती रहती है—भले खुद न बदले। और इस रैगिंग की इतनी-इतनी भयानक, क्रूर, जघन्य प्रणालियाँ ईजाद की गईं

हैं कि सुनकर ही रोंगटे खड़े हो जाते हैं। नए छात्रों को मुर्गे बनाना, नाक रगड़वाना, कपड़े उतरवाना, नाचने को कहना वगैरह तो सामान्य बातें हैं। कई बार इस क्रूरता और विकृति के चलते, छात्र अपंग और पागल तक हुए हैं। कुछ सालों पहले इंजीनियरिंग के एक छात्र को 'रैगिंग-काल' के दौरान नंगे होने से इनकार करने पर पहली मंजिल से कुदा दिया गया था, जिससे उसकी मौत हो गई थी।

उच्चशिक्षा के लिए कितने सपने होते होंगे एक युवक और उसके माता-पिता के! स्कूल से कॉलेज जाने को वे कितने उल्लास और उत्साह से लेते अगर यह 'रैगिंग' का पिशाच उनका पीछा नहीं करता। और यह भी आश्चर्य है कि अगली कक्षा में पहुँचने पर ये ही छात्र आने वालों के साथ वैसा ही क्रूर और जघन्य बर्ताव करते हैं जो उनके उत्पीड़न के लिए कतई जिम्मेदार नहीं। दुःख, पीड़ा और क्रूरता का यह स्थानांतरण एक ऐसा कुचक्री संस्कार है जो जीवन भर मनुष्य को भाँति-भाँति से दुष्कर्म और नीचता से जोड़े रहता है और वह जाने कितने लोगों के प्रति अकारण निष्करुण और आक्रामक बना रहता है।

बच्चों या किशोरों के निजी जीवन और आचरण से कटी आज की यह अर्थ-केन्द्रित शिक्षा-प्रणाली; शिक्षा संस्थानों में घुसी दुराचरण और अवसरवाद की आत्म-केन्द्रित राजनीति; भयातुर और निरीह विद्यार्थियों की कोई मदद नहीं कर सकती, उल्टे विकृति को ज्यादा मजबूत करती है। ऐसे में सिर्फ नई पीढ़ी, जिसमें अब भी शील, श्रम और ज्ञान-पिपासा बची है—इस रोग का इलाज कर सकती है। इस विश्वास की एक मनोवैज्ञानिक वजह भी है और वह है जीवन-मृत्यु के अंतर्संबध। यों जन्म के पहले क्षण से ही देह की मृत्यु-यात्रा प्रारंभ हो जाती है, फिर भी इस अत्यंत कुटिल समय में जीवन और मृत्यु के बीच का अन्तर भी स्वार्थ और परमार्थ तय करने लगा है। इसलिए आप उन बूढ़ों से तो ज्यादा उम्मीद न करें जिनके वास्ते समय मृत्यु की दिशा में उड़ रहा है—जिसे देह के पिंजरे में क़ैद करने की चाह इसीलिए प्रबल हो जाती है कि वक्त कम है और सब कुछ इसी में पा लेना है; उन अधेड़ों से भी उम्मीद करना बेकार-सा है जिनके वास्ते

समय श्मशान की ओर भांगा जा रहा है और वे अपने ही खातिर उसे लपकना चाहते हैं। हाँ जिनका समय मृत्यु से बहुत दूर और जीवन के साथ चल रहा है उनसे, और उनसे भी जिनके पीछे समय चल रहा है, आप बदलाव की उम्मीद कर सकते हैं।

यानि हमें नई पीढ़ी की विकृतियाँ मिटाने की उम्मीद भी नई पीढ़ी से ही है। क्या वे अपने भविष्य को वर्तमान में देख पाएँगी ?

(अगस्त 2005)

खतरे में जनभाषा

पचास करोड़ की भाषा हिन्दी, जिसमें 38 करोड़ तो भारत में ही इसका प्रयोग करने वाले हैं, इसके अलावा करोड़ों की संपर्क-भाषा; सारी दुनिया में फैली हुई, जहाँ-जहाँ भारतीयों के पाँव पड़े हिन्दी के साथ पड़े। मारीशस, त्रिनिदाद, दक्षिण अफ्रीका, जावा, सुमात्रा, बर्मा, फीजी, घाना, सूरीनाम, नेपाल और तमाम देशों में बसे और उन्हें बसाने में अपना खून-पसीना एक करने वाले करोड़ों भारतवंशियों की भाषा हिन्दी है। पाकिस्तान और बांग्लादेश की तो एक तरह से वह मित्रभाषा ही है। कई देशों में हिन्दी की शाखें फूट रही हैं। फीजी में 'फीजीबात' सूरीनाम में 'सरनामी' उजबेकिस्तान और कजाकिस्तान में 'पार्‌या' दक्षिणी अफ्रीका में 'नेताली' हिन्दी की नई शैलियाँ है। यहाँ तक कि कुछ शैलियों ने तो अपनी व्याकरण और अपने कोश भी बना लिए हैं।

हिन्दी के लिए यह सब संभव है और इस विकास में स्वयं हिन्दी-जैविकी (जेनेटिक्स) की जबरदस्त भूमिका है। यह जनभाषा है, इसका स्वभाव नदी जैसा है, जहाँ जिस घुमाव, ऊँचाई, निचाई में पहुँचती है अपना रूप-स्वरूप उसके अनुरूप बना लेती है। किसी भी जंगल, पहाड़, खंदक, एकांत या भीड़भरे समुद्र में जाने से नहीं डरती। जब भारत के ही लगभग हर प्रांत में हिन्दी की अपनी शैली है (जैसे बंबइया, बिहारी, बंगाली,

गुजराती, तमिलीय) तो विदेश में यह अपनी तरंग और उमंग में उनके बीच रमती हो तो कोई अचरज नहीं। लिखने-पढ़ने की, ज्ञान-विज्ञान की भाषा के मानकीकरण को छोड़ दें तो हिन्दी के इस जनस्वभाव के साथ किसी तरह का परहेज़ करने की जरूरत नहीं है। इस भाषा को और फैलाने में हिन्दी अधिकारी, प्रोफेसर, राजनेता या तमाम पेशेवर हिन्दीकर्मी, यहाँ तक कि लेखकों, कवियों की भी कोई खास भूमिका नहीं है। इसे श्रमिकों, किसानों और उन लोगों ने फैलाया है जिनकी रोजी रोटी का इंतजाम स्थानीय स्तर पर नहीं किया जा सका। और जैसे जीविका के लिए उन्होंने भाँति-भाँति के काम किए हैं, वैसे ही अपनी भाषा की भाँति-भाँति से रूप-सज्जा की है। पिछली सुनामी के समय निकोबार द्वीप से कुछ निपट आदिवासी पोर्टब्लेयर लाए गए तो यह जानकर आश्चर्य हुआ कि वे मीडिया से 'अपनी' हिन्दी में बात कर रहे थे। यह हिन्दी कभी मर नहीं सकती, न सीमाओं में क़ैद हो सकती है। जिन्हें यह अभिमान हो कि वे हिन्दी के प्रचार-प्रसार में बड़ा योगदान कर रहे हैं—उन्हें यह लबादा उतार फेंकना चाहिए। जैसे गरीब जनता अपने हाथ-पाँव के भरोसे है वैसे ही गरीबों की यह भाषा अपने हाथ-पाँवों के।

त्रासदी तो यह है अधिकांश पेशेवर लोगों, हिन्दी-नेताओं, राजनीतिज्ञों और उन लोगों ने हिन्दी को नुकसान ही पहुँचाया है, जिनपर हिन्दी के उन्नयन और प्रसार का जिम्मा रहा। असल में उनका काम था हिन्दी के उस व्यावहारिक पक्ष को मजबूत करना, गढ़ना और जीवंत बनाना जो ज्ञान-विज्ञान, सूचना, अनुवाद आदि के बौद्धिक काम में आ सके। आजादी के बाद यह काम मुख्य रूप से सेवा-क्षेत्र से निकलकर पेशे या नौकरी के क्षेत्र में आ गया। सरकारी या सरकार समर्थित तंत्र ने ही कोश-निर्माण और अनुवाद आदि का काम किया। परन्तु इस तरह जितने अधिकृत अनुवाद हुए हैं उनमें से अधिकतर अपठनीय हैं। भारत के संविधान का एक भाग, एक वक्त मैंने कानून मंत्री को सुनाया था। वे हिन्दी भाषी थे। उस अंश को समझने के लिए उन्हें अंग्रेजी अनुवाद की जरूरत पड़ी। अगर हम जनतंत्र के संविधान को जनता तक उसकी भाषा में ही न पहुँचा सके तो उसे

जागरूक कैसे बनाएँगे? निश्चय ही जनता की यह भाषा सरकारी भाषा से अलग है। कई बार जब सरकारी या सरकार समर्थित संस्थाओं की हिन्दी पढ़ते हैं तो इतनी कोफ्त होती है कि क्या यह इसलिए लिखी गयी है कि यह पूरी तरह सिद्ध हो जाए कि हिन्दी पढ़ने और समझने की भाषा नहीं है या बेहद असमर्थ और उबाऊ भाषा है! तकनीकी शब्दावली, मानकीकरण आदि ऐसे बहाने बनाए जाते हैं जो काहिली के अलावा किसी सच का बयान नहीं करते। इस समय हिन्दी में प्रतिमास सैकड़ों अनूदित पुस्तकें छपती हैं। प्रायः सभी पुस्तकों की भाषा जीवंत और पठनीय होती है। फिर सरकारी तंत्र को ही ऐसी कौन-सी अजूबा भाषा मिल गई है? भाषाई संरचना और परिभाषिक शब्दों के इर्द-गिर्द बुनी भाषा से उसका सहज स्वभाव प्रकट हो सकता है, यह मर्म तो समझते नहीं, उल्टे पूरी रचना को ही परिभाषिक शब्दों का झुण्ड बना देते हैं। हमारी दूसरी परेशानी है—हिन्दी को हम मूल में नहीं अनुवाद में लिखते हैं। सरकारी हिन्दी अक्सर अनूदित हिन्दी होती है; यह भी प्रायः अंग्रेजी में सोचकर, उसकी संरचनात्मक नकल करते हुए लिखी हुई। क्योंकि तब उसकी सहजता लुप्त होकर उसमें एक साम्राज्यवादी अकड़ पैदा हो जाती है।

इसलिए जब सरकार और सरकार समर्थित सारा तंत्र जोर-शोर से हिन्दी के प्रचार-प्रसार का डंका पीटता है और ऊँचे आंकड़े दिखाता है तब हँसी आती है। क्योंकि वास्तविकता हमारे सामने है, परिमाण में भी और गुण में भी। अगर भारतेन्दु युग से प्रारंभ खड़ीबोली हिन्दी के साहित्यिक स्वरूप को देखें तो सौ साल में उसने जैसी प्रगति की है, उसकी मिसाल शायद ही दुनिया कि किसी भाषा में मिले। परन्तु साहित्येतर लेखन का बनता-बनता अभ्यास कहीं पीछे छूट चुका है। गत दिनों अंग्रेजी शिक्षा, कम्प्यूटर की विधाओं और बाजार की शक्तियों ने तो हिन्दी में साहित्येतर लेखन को लगभग परिदृश्य से बाहर कर दिया है। अपने ही देश में हुई हिन्दी की दुर्गति से दुनिया में हिन्दी की अभिवृद्धि को धक्का पहुँचा है। भारत में तो हिन्दी और भारतीय भाषाओं की दुर्दशा के हम साक्षी हैं, परन्तु विदेशों में भी दिन-पर-दिन हिन्दी पढ़ने, लिखने वालों की संख्या घट रही

है। जनता में हिन्दी अपने कारणों से फैल रही है, लेकिन प्रबुद्ध समाज से हिन्दी लुप्त होती जा रही है। अव्वल तो हिन्दी में साहित्येतर विषयों की पुस्तकों का अकाल है, सारे प्रतिभाशाली लेखक हिन्दी (और भारतीय भाषाएँ) छोड़कर अंग्रेजी में चले गए हैं; वहीं शिक्षा, ज्ञान-विज्ञान, साहित्य, प्रशासन, राजनीति आदि के अध्ययन-विचार के क्षेत्र में हिन्दी का मान लगातार घट रहा है। आजादी के बाद विश्वभर के प्रमुख विश्वविद्यालयों में हिन्दी विभाग थे और छात्रों की संख्या बढ़ रही थी, अब यहाँ भी लगातार कम होती जा रही है क्योंकि सर्वत्र शिक्षा का माध्यम अंग्रेजी है। हिन्दी ही क्या, भारत की सभी भाषाओं की पढ़ी-लिखी अगली पीढ़ी अपने साहित्य को अपनी भाषा में न पढ़ कर उसका अंग्रेजी अनुवाद माँगेगी।

अब तो अपनी भाषा या मातृभाषा के गुणगान का भी कोई लाभ नहीं रहा। हम हिन्दी का कोई अंतरराष्ट्रीय विश्वविद्यालय बना भी लें तो क्या। तय है कि वह प्रांतीय हैसियत से भी गयाबीता होगा और वहाँ हिन्दी ही सबसे अवांछित भाषा होगी और ऐसा होने पर वहाँ का कोई अधिकारी शर्मसार भी नहीं होगा। कार्यपरिषद और विद्यापरिषद तक के लिए दी जाने वाली सामग्री का 90 प्रतिशत भाग अंग्रेजी में हो तो आप क्या करेंगे? यानि अब हमें हिन्दी के नाम पर खुलने वाली संस्थाओं द्वारा हिन्दी के अपमान और विस्थापन के लिए भी तैयार हो जाना चाहिए। इतना ही नहीं वहाँ न कोई परिकल्पना है न सृजनशीलता, न हिन्दी के व्यापक स्वरूप का संज्ञान है। सही यह है कि हमारे मन में अपनी भाषा से, यहाँ तक कि अपने देश से प्यार खत्म हो रहा है। जिन महात्मा गाँधी ने स्वाधीनता के बाद एक पत्रकार द्वारा अंग्रेजी में पूछे गए प्रश्न के उत्तर में कहा था "दुनिया को खबर कर दो कि गाँधी को अंग्रेजी नहीं आती।" उसीके नाम पर खुली संस्थाओं में अंग्रेजी का बोलबाला है। अगर उनके नाम पर आज अण्डे बेचे जा सकते हैं और इस देश के प्रबुद्ध समाज से विरोध की आवाज तक नहीं उठती; सरकार, न्यायालय, मीडिया सब खामोश रहते हैं, तब गाँधी के मानव-मूल्य और भाषा-मूल्य के ध्वंस पर कौन जबान खोले! यानि गाँधी के नाम पर हर तरह की बेशर्मी, हिंसा, अन्याय और झूठ फैलाने की भारत

में खुली छूट है। खैर। इतना ही क्या कम है कि 14 सितम्बर की तरह 2 अक्तूबर भी ठीक-ठाक मन जाता है।

हिन्दी के जिस विस्तार से हम खुश हैं, वह खुशी बच्चों की खुशी से भी भोली है। सिनेमा, दूरदर्शन, प्रचार पट्ट (होर्डिंग्ज) और जगह-जगह हिन्दी का प्रयोग जनता के लिए नहीं, बाजार के लिए हो रहा है। वे हिन्दी नहीं बोल रहे हैं, वे अपना सामान बेच रहे हैं, गिरमिटिया हिन्दी को सिर पर लाद कर बाजारू हिन्दी को खेत-खलिहान, कारखाने और घर-घर में उतार रहे हैं। हिन्दी पर हिन्दी की यह सवारी क्या ही अनोखी है—जैसे आदमी को ढोता आदमी-रिक्शा! और सचाई देखिए, कि क्या प्रचारित वस्तु पर लिखी भाषा हिन्दी है? आप करोड़पति टी.वी. के पर्दे पर लिखी भाषा देखिए; दफ्तरों, कारखानों, पत्र-व्यवहारों की भाषा देखिए, यानि भाषा के वे ठिकाने जहाँ भाषा अपना वैचारिक, बौद्धिक, ज्ञानात्मक स्तर पर लिखित अस्तित्व पाती है वहाँ से भाषा गायब है। सोचें कि जहाँ आपको ससम्मान रोज़ी-रोटी मिलती है—क्या वहाँ हिन्दी है?

हिन्दी का प्राय: जितना पढ़ा-लिखा समुदाय है, जितने पेशेवर लोग हैं—(कुछ अपवादों को छोड़ दें तो)उनके मन में भाषा के प्रति कोई दर्द नहीं, कोई लगाव नहीं। उन्हें पता ही नहीं कि वे क्या खोने जा रहे हैं?—अपनी अस्मिता, स्वाधीनता, देश की आवाज़, ज्ञान-विज्ञान, सोच-विचार, संस्कृति और जाने क्या-क्या! हम राजनैतिक गुलामी से आधी बीसवीं शती लड़ते रहे और आधी शती को हमने मानसिक गुलामी पाने, अपनाने और ओढ़ने में ज़ाया कर दिया। बीसवीं शती में हमने कथित विश्वतंत्र, कथित विश्वबाजार और कथित विश्वभाषा के हाथों अपने को पूरी तरह सौंप दिया है, गोया पराधीनता का नया प्रतिमान बना रहे हों। अब हम अंग्रेजी राज के प्रशंसक हैं, अंग्रेजी के प्रशंसक हैं, हिंसा के प्रतिरूप 'एटमी शक्ति' के प्रशंसक हैं, द्विराष्ट्रवादी के प्रशंसक हैं!

यहाँ विस्तार से बात करने का अवसर नहीं है, अपनी भाषा-विहीनता के गूढ़ अर्थों में जाने के लिए खूब बड़ा वितान चाहिए, और उसकी व्यापक क्षतियों के आकलन का कोई हिसाब नहीं! वैचारिक अराजकता और स्वार्थ

केन्द्रितता के दौर में कोई भी सर्वहितकारी आवाज़ गुम हो जाती है। महाभारत के घोर विनाश को देखते हुए कृष्ण ने असहाय होकर कहा था कि 'मेरी कोई नहीं सुनता।' आज ऐसी ही घड़ी है जब हमें अपने भीतर उठी कृष्ण की आवाज सुनाई नहीं पड़ रही।

हिन्दी आम जनता की गरीबों की भाषा हो यह तो ठीक है पर हिन्दी में रहने के कारण लोग विचार, ज्ञान-विज्ञान से 'गरीब' बने रहें यह लज्जाजनक है।

(सितम्बर 2005)

दिमाग़ी बुखार

ठंडी मौत का अंधेरा

पूर्वी उत्तर प्रदेश में इसे जापानी बुखार कहते हैं जो पसर गया है और कम्बख़्त जापान से आकर हिन्दुस्तान में जुलाई और सितम्बर (पहले सप्ताह) के बीच, सिर्फ एक माह में 4000 बच्चों को निगल चुका है। (वे अलग हैं जिनकी गणना नहीं हुई।) यह संख्या 11 सितम्बर के अमेरिकी हादसे के आँकड़ों को पार कर गई है जिसमें 3000 मौतें हुई थीं। सुनामी और कैटरिना में हुई मौतें भी इसके पीछे छूट चुकी हैं। अब भी गोरखपुर मेडिकल कॉलेज से हर घण्टे एक बच्चे की लाश बाहर निकल रही है। इस वक्त यह बुखार, जो दिमाग़ी बुखार भी कहा जाता है, पूर्वी उत्तर प्रदेश के कुशीनगर से पश्चिम में अलीगढ़ तक पहुँच चुका है। प्रदेश में सत्तर में से बारह जिले इसकी चपेट में हैं। औसत से 150 गुना अधिक मौतें होने पर भी यह सरकारी निगाह में महामारी नहीं है। महामारी घोषित करने के लिए और कितनी मौतें चाहिए?

प्रसंगवश 2003 में एशिया मे जन्मे 'सॉर्स' नामक संक्रामक रोग की याद आती है जो देखते-देखते अमेरिका और यूरोप सहित दो दर्जन देशों में फैल गया था। दुनिया में हड़कंप मच गया। तुरन्त प्रचार, उपचार, सावधानी और प्रतिबंध का चौतरफा अभियान चलाया गया और 2003 में ही इस पर

काबू पा लिया गया। जिसे दुनिया की महानतम महामारियों में गिना गया, उसके कुल मरीज 8334 थे और 813 मौतें हुई थीं। भारत में फैले दिमाग़ी बुखार में हुई मृत्यु की इससे तुलना कीजिए और जान लीजिए कि इस देश में आपकी जान की कीमत क्या है!

चुनाव, उद्घाटन, आरोप-प्रत्यारोप, स्वागत-समारोह, बड़ी-बड़ी घोषणाएँ और निष्क्रिया बदस्तूर है। पहाड़ टूटें या बच्चे मरें इनकी बला से। मीडिया करिश्मा कपूर, दाऊद के घर शादी, राणे की दल-बदली जैसी गंभीर समस्याओं में व्यस्त है। हर दिन बलात्कार, हर दिन हत्या, हर दिन आत्महत्या, हर दिन दुर्घटनाएँ (विज्ञापन के लिए चटनी-मसाला जुटाती) काफी दमदार राष्ट्रीय खबरें हैं। गरीब, ग्रामीण बच्चों की इतनी अलग अलग ठण्डी मौतें, कोई उत्तेजक राष्ट्रीय समाचार नहीं है। अब जिस कहानी के अभियुक्त सूअर और मच्छर हों उनसे कोई ठीक ठिकाने की खबरें भी तो नहीं बनतीं फिर वीजुअल्स क्या बनें? 'राष्ट्रीय' समाचार पत्रों के गोरखपुर या अन्य स्थानीय संस्करणों में पहले पृष्ठ पर जो सचित्र त्राहि-त्राहि है, वह उन्हीं अखबारों के दिल्ली या राष्ट्रीय संस्करणों में नहीं जाती और यदि जाती भी है तो मरी हुई दुम की तरह। जिन राष्ट्रीय साप्ताहिकों, अखबारों, या टी.वी. चैनलों ने इन्हें खबर बनाया, उन्हें जोहार!

उत्तर प्रदेश पर दिमागी बुखार का यह कोई पहला आक्रमण नहीं है। 1978 में इसने पहली बार वहाँ दस्तक दी थी। एक पत्रकार ने गिनकर बताया कि इन 27 सालों में अठारह मुख्यमंत्री और आठ गवर्नर राज कर चुके हैं—कई दलों के, कई वर्गों के, कई मिश्रणों के। यानि इस बुखार को कई सरकारों का अनुभव है, भारतीय जनता की तरह।

फिर प्रसंगवश उल्लेख कर दिया जाए कि यह रोग 'जापानी बुखार' या 'जापानी इनसेफेलाइटिस' इसलिए कहा जाता है कि 1870 में जापान में जन्मा और पहचाना गया था। परन्तु वहाँ इसपर शीघ्र काबू पा लिया गया। आज वहाँ इस रोग का नामोनिशान नहीं हैं। परन्तु भारत इस बजुर्ग मेहमान की 27 साल से खातिरदारी कर रहा है, ताकि आगे चलकर इसे 'इंडियन इनसेफेलाइटिस' कहलाने का गौरव प्राप्त हो!

शुरू में जब यह बुखार आया तो इसे कम खतरनाक मैनिन्जाइटिस समझा गया, और इलाज की नौका उस तरफ मुड़ पड़ी। दूर निकल जाने पर पता चला कि कहाँ जा रहे थे हम? फिर असली रोग का पता लगा और इसी ऊहापोह के चलते और बाद में, सत्य का ज्ञान होने पर भी, देश अपने दस हजार बच्चों को इसकी बलि चढ़ा चुका है।

यह रोग उस मादा मच्छर के काटने से होता है, जो सूअर को काट चुकी हो। खेतों में, खेत-मजूरों के घरों और दलित बस्तियों के आसपास आमतौर पर फैली गंदगी में सूअर सपरिवार खाते-खेलते रहते हैं। बच्चे नियमित रूप से बाकायदा सूअर चराते भी हैं, जो इनके रोजगार, भोजन और पूजा के माध्यम हैं।

मैंने एक जानकार से पूछा कि सूअर को क्या नर मच्छर नहीं काटते? उसने कहा काटते तो हैं, पर मादा मच्छर के भीतर ऐसी रासायनिक क्रिया होती है जिससे यह खून उनके भीतर इनसेफेलाइटिस का रूप ले लेता है और जब ये मच्छरनियाँ बच्चों को काटती हैं तब तेज बुखार आता है, कोई 106-107 डिग्री। यह रोग मस्तिष्क के ऊतक (टिशू) मार डालता है जो बच्चे के लिए मृत्यु-पत्र है। मच्छर काटने के बाद बच्चे की जिदंगी कम-से-कम 24 घण्टे और अधिक से अधिक 3 दिन और डॉक्टरी इलाज मिल गया तो 5 दिन में खत्म हो जाती है।

मच्छर तो सबको काटते हैं, वे छोटे-बड़े नहीं देखते, परन्तु बच्चों की रोग प्रतिरोधक क्षमता कम होती है, इसलिए वे इसकी गिरफ्त में आ जाते हैं। मौतें प्राय: तीन से सात साल के बच्चों की हुई हैं परन्तु इसकी चपेट में 15 साल तक के बच्चे भी आ जाते हैं। यों पन्द्रह साल के बच्चों में प्रतिरोध की पर्याप्त क्षमता होनी चाहिए, लेकिन भूख, कुपोषण और गंदगीजन्य रोगों के कारण उनकी यह क्षमता कम हो जाती है। विडम्बना यह है कि भूख और कुपोषण से रोग की गिरफ्त में आने वाले बच्चों का यह क्षेत्र धान का प्रमुख उत्पादक है। महाराजगंज जिला जो प्रमुख पीड़ित क्षेत्रों में है धान का कटोरा कहा जाता है। गोरखपुर कुशीनगर, देवरिया, गौतमबुद्धनगर, रायबरेली, भारत-नेपाल सीमा के गाँव—ये सभी उपजाऊ क्षेत्र हैं—पर इन किसानों,

दलितों, गरीबों के लिए नहीं। क्या हमें आजाद हुए अट्ठावन साल हो गए हैं? यह सवाल इसलिए कि अगर इतने सालों में हमने यही पाठ पढ़ा है कि जो उपजाए वह प्रायः भूखा सोए, और जो भरे पेट सोए वह प्रायः कुछ न उपजाए बल्कि राज भी करे और संभ्रात कहलाए? तो क्या स्वाधीनता की यह लम्बी काल-यात्रा सचमुच स्वाधीनता की है?

दिमाग़ी बुखार का सीधा संबंध गरीबी और भूख के अलावा अशिक्षा और जड़ता से है, जो जनता से अधिक व्यवस्था में है। कुछ अपवादों को छोड़ दें तो संवेदनहीन नौकरशाही और छद्म नेतृत्व की करनी और कथनी में इतना फासला है, जितना जमीन और आसमान में । संभवतः ऐसी ही दुर्दशा, क्रूरता और विषमता को देखते हुए भुवनेश्वर के नाटक 'सर्प' का एक पात्र कहता है "आनेवाली जेनरेशन चाहे कुत्तों की हो या बिल्लियों की, वह हमसे अच्छी होगी।" क्या भुवनेश्वर को आजादी के पहले ही उत्तर-आजादी और उत्तर आधुनिक-युग का इलहाम हो गया था?

दिमाग़ी बुखार से बचना प्रायः संभव नहीं होता, लेकिन बच जाना शायद मृत्यु से भी अधिक त्रासद होता है, क्योंकि रोगी जीवनभर के लिए विकलांग हो जाता है। वह गूँगा, असामान्य, अपाहिज या भाँति-भाँति से क्षतिग्रस्त हो जाता है। यहाँ तक कि उसकी प्रजनन शक्ति समाप्त हो जाती है। गोरखपुर में नियुक्त युवा आलोचक अरविंद त्रिपाठी ने बताया कि एक लड़की का विवाह हो गया था, परन्तु गौना नहीं हुआ था। इसी बीच उसे इनसेफेलाइटिस हो गया, वह बच तो गई, परन्तु माँ नहीं बन सकी।

गाँवों में प्राथमिक स्वास्थ्य केन्द्रों के नाम पर मामूली उपचार की 'सुविधा' है। परन्तु रोगों के; खासकर आपात रोगों के बारे में ग्रामीण जनता को जागरूक करने का कोई अभियान नहीं है। फिर, एक तो उनकी गरीबी, दूसरे शहर तक पहुँचाने वाली सड़कों का अभाव और शहर पहुँचने पर अस्पतालों में भर्ती होने की किल्लत कोई मामूली महाभारत नहीं है। प्रत्यक्षदर्शियों ने बताया कि गोरखपुर और अन्य स्थानीय अस्पतालों में बीमार बच्चे जमीन पर, बरामदों में और एक-एक पलंग पर तीन-तीन, चार-चार पड़े हैं। दवाओं का, चिकित्सकों का अभाव और बिजली गुल होना अलग से। ये तमाम स्थितियाँ क्या जीवन के पक्ष में जाती हैं?

सवाल यह है कि विज्ञान, टेक्नॉलाजी और चिकित्सा-क्षेत्र में इतनी उन्नति का लाभ किसे मिल रहा है? क्या जरूरतमंद गरीबों, ग्रामीणों को? या उन्हें जो हर कुछ खरीद सकते हैं और जरूरत पड़े तो चाँद पर प्लॉट भी खरीद सकते है! और अगर यह रोग उनकी जमात का होता तो जाने क्या-क्या हो जाता? परन्तु यह गरीब रोग है। यही कारण है कि 27 साल बाद भी प्रभावित क्षेत्रों में रोग-प्रतिरोधक टीकों का अभाव है! लाखों करोड़ों लोग मृत्यु और विकलांगता के लिए बेसहारा छोड़ दिए गए हैं! यह पूछने पर कि रोग के फैलते ही टीके क्यों नहीं लगाए गए, 'प्रशासन' ने उत्तर दिया कि 'यह साल तो निकल गया अगले साल लगाएँगे!'

लगता है ग्रामीण जनता को एकजुट होकर अपने पैरों पर खड़ा होना होगा, पंचायतों को सूअरों को पकड़ने, मच्छरों को खत्म करने और सफाई रखने का प्रबंध स्वयं करना होगा। शहरों में नगरपालिकाओं, नगर निगमों को यह जिम्मेदारी लेनी होगी। बिना आत्मनिर्भता के गरीबों की महामारी की रोक संभव नहीं दिखती।

देख नहीं रहे हैं! पूरे देश में कैसी चुप्पी है! बड़े नेताओं की चिन्ताएँ अलग हैं। राजनैतिक पार्टियाँ किन कामों में लगी है, इसे पूरा देश देख रहा है! विश्व के सबसे बड़े गणतंत्र में विश्व की सबसे खामोश महामारी नहीं होगी तो कहाँ होगी? बच्चे पट-पट मर रहे हैं। माँ-बाप कलप रहे हैं। घर के घर उजड़ गए हैं। पत्रकार इसे सुनामी और भूकंप से भी बड़ी त्रासदी बताते हैं, उसके बारे में देश में ऐसा माहौल है, जैसे कुछ हुआ ही न हो!

दिमाग़ी बुखार वाले इस प्रदेश में साक्षारता का प्रतिशत देखिए। यह भारत के न्यूनतम स्तर का यानि 57.36 प्रतिशत है। यह 'साक्षरता' किस हद तक 'शिक्षा' है इस विवादास्पद प्रश्न को छोड़ भी दें तो भारत के सबसे बड़े प्रदेश में, जिसने कई प्रधानमंत्री और बड़े नेता दिए हैं आज 42.64 प्रतिशत लोगों का निरक्षर रह जाना चकित करता है। यदि सर्वेक्षण किया जाए कि मृत या रोगी बच्चों के परिवारों में साक्षरता का प्रतिशत और स्तर

क्या है तो निश्चय ही चौंकाने वाले तथ्य सामने आएँगे। अपने सामाजिक-राजनीतिक और साहित्यिक जीवन में हम जितनी जोर-शोर से ग्रामीणों और गरीबों का नाम लेते हैं, उतनी ही उनकी गरीबी और हमारी समृद्धि, सामाजिक वजन और यश बढ़ता ही जाता है; दिमाग़ी बुखार में श्मशान बने गाँव और घर इस प्रश्न का उत्तर न केवल राजकर्मियों से बल्कि बुद्धिजीवियों से भी पूछते हैं।

सरकारें इतने विज्ञापन देती हैं, परन्तु जनता को जाग्रत करने के ऐसे विज्ञापन क्यों जारी नहीं किए जाते जिससे ग्रामीण और सामान्य जनता रोग के आक्रमण के पहले ही सावधान हो जाए। टीवी चैनलों को भी ऐसे ही विज्ञापन देने को बाध्य किया जाए।

इस समय लोगों को यह बताना जरूरी है कि इस रोग के रोगी या मृत से या सूअर से छूत नहीं लगती क्योंकि ऐसी महामारी के समय यह आशंका पैदा होती है कि किसी बीमार का उपचार करते हुए हमें ही यह रोग न लग जाए। ऐसे में लोग रोगी से परे भागते हैं और वह अकेला छूट जाता है। इसके अलावा लाचारी और अंधविश्वास में लोग तंत्र, मंत्र, ओझाई के चक्कर में फँस जाते हैं।

पश्चिम हमारे लिए आज प्रतिमान हो चला है तो कुछ अच्छी बातें भी वहाँ से लगे हाथ क्यों न सीख ली जाएँ। *मसलन दक्षिणी अमेरिका में आए समुद्री तूफान कैटरिना से प्रभावित लोगों के लिए धन जुटाने की खातिर अमेरिका के प्रमुख टीवी चैनलों ने एक चैरिटी शो का सीधा प्रसारण किया। नाम था 'शेल्टर फ्राम दी स्टार्म।' सभी बड़े कलाकारों ने इसमें संगीत कार्यक्रम दिए। क्या इस तरह के किसी नेक आयोजन से हम एक पूरे प्रदेश में फैली महामारी के विरुद्ध अभियान नहीं चला सकते? और जबानी जमाखर्च को सक्रिय सेवा में नहीं बदल सकते?*

अब भी समय है कि तात्कालिक प्रयत्न के स्तर पर तत्काल ब्लॉक स्तर पर डॉक्टरों की टीम बनाकर प्रतिरोधक टीके लगाए जाएँ। प्राथमिक स्वास्थ्य केन्द्र में औषधियाँ उपलब्ध कराई जाएँ, स्वास्थ्यकर्मी गाँव-गाँव जाएँ। सूअरों को बाड़े में बन्द रखें। मच्छर मारें। सफाई रखें। बच्चों को पूरे

कपड़े पहनाएँ। ग्राम सभा, ग्राम पंचायतों को भी राशि आवंटित की जाए और उनपर जिम्मेदारी डाली जाए तो आज भी हम इस रोग से बच्चों को बचा सकते हैं।

एक बच्चा जब दुनिया की जगह खाली करता है तो वह इतनी बड़ी होती है जिसमें 10 बूढ़े पैर पसार कर सो सकते हैं। बच्चे दुनिया की प्राथमिकता हैं, विदेशों में उनके लिए क्या-क्या नहीं किया जाता और एक यह देश है जिसके लिए बच्चे का मर जाना तिनका उड़ जाने जैसा है!

सामूहिक, सकारात्मक और प्रामाणिक प्रयास के अभाव में गाँव-गाँव में डॉक्टरों की मंडियाँ खुल गई हैं। कई अधकचरे, नौसिखिए लोग सक्रिय हो गए हैं। ओझा, झाड़फूँक और अंधविश्वासों का ताडंव चल रहा है। और शेष भारत मूकदर्शक बना हुआ है मानो यह नारकीय कथा समुद्र पार के किसी देश की हो।

(अक्टूबर 2005)

छोटा प्रदेश बड़ा काम

छत्तीसगढ़ देश का नवनिर्मित प्रदेश है, उम्र है सिर्फ सात साल। भारत की एक अरब जनसंख्या का केवल दो प्रतिशत हिस्सा लिए यह छोटा-सा भू-भाग, मध्य प्रदेश और महाराष्ट्र के पूर्वी किनारे पर चुपचाप लेटे हुए दुबले चीते जैसा है—लगभग आधा वन-संकुल और आधा जन-संकुल। आदिवासी बहुल। कहने को यहाँ अनमोल लोक-कलाएँ, सुन्दर मन और स्वस्थ रूप है; धरती वसुंधरा है, जिसमें लौहअयस्क, कोयला, चूना, बाक्साइट जैसी गहन-संपदा है; धान के कई कटोरे हैं; भिलाई-बोकारो जैसे आधुनिक संयंत्र हैं, फिर भी यह अपनी खालिस मनुष्यता यानि निरीहता, सरलता, मेहनत, कलावंतता और संतोष के कारण आज भी सदियों से चली आती शोषण की परम्परा का शिकार है। गरीब, अशिक्षित, उपेक्षित। बावजूद यहाँ के पर्यावरण ने मनुष्यता के अपने संस्कार नहीं छोड़े हैं।

शायद इसी आदिवासी सरलता, उदारता और निश्छलता के चलते यहाँ एक ऐसा काम हुआ है जो दलगत राजनीतिक संकीर्णता और बौद्धिक-मानसिक प्रदूषण के इस युग में असंभव था। फिलहाल यहाँ भारतीय जनता पार्टी की सरकार है। इसी ने हाल में प्रख्यात प्रगतिशील कवि मुक्तिबोध का एक भव्य स्मारक राजनांदगाँव में बनवाया है जहाँ मुक्तिबोध सिर्फ अन्तिम सात वर्ष रहे। वे स्थानीय महाविद्यालय में प्राध्यापक थे और यह नगर

उनकी रचनाओं में बेशुमार बसा हुआ है। यहाँ वे एक किलेनुमा खण्डहर मकान में रहते थे, जहाँ की चक्करदार सीढ़ियाँ और आसपास का भाँय भाँय करता जंगल उनकी कविताओं में बारबार आया है।

कोई 25 साल पहले मैंने यह घर और इसके पीछे की घनी झाड़ियों के जंगल में घुसकर मुक्तिबोध की कविताओं को देखा था। जिस कॉलेज में उन्होंने पढ़ाया था, जिस चाय की दुकान पर घण्टों बैठे चाय पीते और बीड़ी फूँकते थे, वहाँ बैठकर; उन गलियों, और जगहों को छूकर उनके भूकम्प-केन्द्रों को पहचानने की कोशिश की थी; और उन तमाम मौजूद लेखकों ने भी जो वहाँ चप्पे-चप्पे पर घूम रहे थे। यह वक्त था जब मध्यप्रदेश साहित्य परिषद के सचिव के नाते मुझे वहाँ एक आयोजन करने का सौभाग्य मिला था, उस खण्डहरनुमा किला-घर के छज्जों, सीढ़ियों और दीवारों पर रात को मुक्तिबोध की कविताओं के कोलाज का मंचन सत्य का ऐसा साक्षात्कार था जो बयान से बाहर है। उस कॉलेज-भवन और पुस्तकालय में वे समृद्ध संवाद, संस्मरण, विमर्श शायद आज भी गूँजते होंगे। देश के वरिष्ठतम लेखक-कवि से लेकर नवोदित तक; यानि शील से लगाकर विनोदकुमार शुक्ल तक कोई अस्सी लेखकों ने और स्वयं मुक्तिबोध की कविता और कथा-पात्रों ने (जो तब जीवित थे) इस आयोजन में घरेलू थरथराहट से भाग लिया था। मुक्तिबोध की पत्नी शांता जी और बेटे भी वहाँ तीनों दिन मौजूद रहे थे। वे वहाँ अपने को जैसे दुबारा खोज रहे थे, अपने से ज्यादा दिवंगत को; जो रूप में तो नहीं था, रूह में था।

इस बार जब स्मारक के लोकार्पण के अवसर पर वहाँ जाना हुआ तो वह सब बरबस याद हो आया। हाँ इतना जरूर लगा कि वहाँ अब मुक्तिबोध की गंध तो उतनी नहीं बची है लेकिन उनकी स्मृति जिन्दा है, जो ज्यादा चमकीली और मसृण होकर इतिहास की गौरवगाथा के रूप में ढलने जा रही है।

मुक्तिबोध के खण्डहर-घर को या उसके ढाँचे को अत्यंत सुन्दरता में नवीनता, चिकनाई और मनोहारिता दी गई है। इसे लेकर हमारे खुरदुरे अनुभव कुछ सवाल जरूर उठा सकते हैं। परन्तु इसमें शक नहीं है कि

निर्माण अत्यंत हार्दिकता और बड़े कवि की बड़ी महिमा को ध्यान में रखकर किया गया है। भवन से सटा हुआ संग्रहालय है, जिसके तीन भाग हैं। एक में मुक्तिबोध की रचनाएँ और स्मृतियाँ हैं, दूसरे और तीसरे में क्रमश: प्रख्यात लेखक, सरस्वती के संपादक पदुमलाल पुन्नालाल बक्षी और रामकाव्य के सरस लेखक, वक्ता, विद्वान पं. बलदेव प्रसाद मिश्र की रचनाएँ रखी गई हैं। (इन्हें और समृद्ध करने की जरूरत है।) भवन के सामने दाहिने हाथ पर तीन आवक्ष मूर्तियाँ हैं—आसपास बक्षी जी और मिश्र जी की, बीच में मुक्तिबोध हैं। सामने एक मंच और निर्माणाधीन सभागृह है, उसके एकओर कुछ अतिथि कक्ष बन रहे हैं, इस आग्रह के साथ कि लेखकगण आएँ , रहें और इस शान्त, रम्य परिवेश में सृजन की नई अग्नि धधकाएँ। निश्चय ही यह योजना पारदर्शी भी है और दूरदर्शी भी। भवन के चारोंओर बहुत सुन्दर जलाशय है। यह 25 साल पहले आने पर नहीं दिखा था, शायद जंगल से ढका हो। विस्तृत सड़कें, सुन्दर प्रकाश-व्यवस्था। एकदम सब कुछ बदला-बदला सा, मन से बनाया हुआ। इस पूरे क्षेत्र को *'मुक्तिबोध परिसर'* नाम दिया गया है।

निश्चय ही अब राजनांदगाँव लेखकों, साहित्यप्रेमियों के लिए ऐसी जगह बन जाएगा, जहाँ कोई एक बार तो जरूर जाना चाहेगा। आगे चलकर यदि इसे पर्यटनस्थल के रूप में विकसित किया जा सके तो न केवल आगंतुकों को प्रख्यात लेखकों का सृजनात्मक स्पर्श मिलेगा, वरन् प्रदेश के लिए भी यह एक गर्व की जगह बन जाएगी। और ऐसा जरूर होगा क्योंकि उसके पीछे सपना देखने वाले कुछ कृतज्ञ प्राण हैं।

बीसवीं शती में कितने आदमकद रचनाकार हुए, भारतेन्दु से लगाकर अज्ञेय और रेणु तक; परन्तु किसी की स्मृति में कहीं भी इतना सुन्दर, भव्य, कल्पनाशील स्मारक नहीं बना। और इसमें कोई आश्चर्य नहीं, क्योंकि यह हमारी आदत में शुमार है कि जीते जी तो हम अपनी प्रतिभाओं की उपेक्षा करते ही हैं, बाद में भी उन्हें अपने बटखरों से तोलते और झोलों-तंबुओं में बाँटते रहते हैं! इनसे रुखसत मिले तो कुछ सार्थक काम हो।

पिछले दिनों सुमित्रानंदन पंत की जन्मभूमि 'कोसानी' जाना हुआ

था। उस पहाड़ी क्षेत्र की सुन्दरता का कोई जवाब नहीं। वहाँ पंत का पारंपरिक घर है। उसी को सरकार ने स्मारक बना दिया है। दुकानों के बीच से चढ़-उतरकर पंत जी का घर मिला। डेढ़-दो शती पुराना होगा। चौखट पर लिखा है :

'सुन्दर है विगह सुमन सुन्दर
मानव तुम सबसे सुन्दरतम।'

लेकिन जब बगल से सीढ़ियाँ चढ़कर ऊपर पहुँचे तो देखा, एक ओसारे जैसी जगह पर सुन्दर पंत की उदास आवक्ष मूर्ति, प्रकृति की मार झेलती, फीकी बदरंग हो चुकी है। घर में पहले जहाँ पुस्तकें, चित्र आदि रखे थे, वहाँ से उन्हें पानी और दीमक से खराब होने के कारण हटा दिया गया था और अब एक लम्बा सा कमरा बना दिया गया है, जहाँ आलमारियों में उनका पुस्तकालय, स्वयं उनकी पुस्तकें और दीवारों पर बहुमूल्य लेकिन खस्ताहाल चित्र टिके हैं। उस कक्ष की देखभाल के लिए एक वेतनकर्मी सरल पहाड़ी व्यक्ति हैं। अध्ययन-अन्वेषण के लिए वहाँ कोई व्यवस्था नहीं है। एक बड़ा-सा तख्त है, आयोजन आदि के लिए, बस। कृति में ही नहीं रूप में भी इतने सुन्दर कवि का यह स्मारक शुष्कता और उदासी के घर जैसा है। महाप्राण निराला की जन्मभूमि 'महिषादल' (प. बंगाल) में तो निराला का स्मारक या मूर्ति तक नहीं थी। स्व. विष्णुकांत शास्त्री ने पाँच-छह साल पहले वहाँ मूर्ति स्थापित कराई थी। इधर पिछले दिनों प्रेमचंद के स्मारक और स्वयं प्रेमचंद को लेकर जो अजीब तरह का विवाद चला, उससे किसका माथा ऊँचा हुआ?

मुख्यमंत्री रमणकुमार सिहं ने इस निर्माण द्वारा एक साहसी,संस्कारवान, सहृदय राजनेता की भूमिका ही नहीं निभाई, प्रजातंत्र के सच्चे चरित्र और मूल्य की रक्षा भी की है, जो दिनोंदिन पर्यावरण से गायब हो रहा है। क्या हम नहीं जानते कि लोकतंत्र में किसी न किसी दल की सरकार तो होगी ही। लेकिन सरकार बन जाने पर वह समूची जनता की होती है, किसी दल की नहीं। बहुविध जनता के भौतिक और मानसिक संसार का संरक्षण और उन्नयन हर लोकहितकारी सरकार का काम है। इसमें साहित्य, कलाएँ,

शिक्षा सब आती हैं। इस दृष्टि से एक छोटे-से आदिवासीबहुल प्रदेश के नियामकों ने सबके सामने कर्तव्य की एक मिसाल रखी है। और सच ही जिन्हें अनुशासन का दायित्व सौंपा जाता है, उनका यही आदर्श होता है। 'जयभारत' में राष्ट्रकवि ने एक प्रसंग दिया है कि जब वशिष्ठ के पौत्र और भावी राज-गुरु पाराशर के मन में अपने पिता के हत्यारे से बदला लेने की प्रबल भावना पैदा हुई, तब उसकी माँ ने उसे इस काम से रोका। यानि अपने पति के हत्यारे का वध करने से। उसने कहा :

'तुम हो न किसी जन के नायक
होना है तुम्हें व्यवस्थापक

तुम किसी एक व्यक्ति के नायक नहीं हो, तुम्हें 'व्यवस्थापक' होना है। और व्यवस्थापक का कुछ भी व्यक्तिगत (या दलीय) नहीं होता, सार्वजनिक होता है। उसे तो सबके प्रति समदृष्टि रखनी होती है। पर आज इस मर्यादा का पालन कौन करता है! ऐसे अंधेरे वक्त में कहीं भी रौशनी का एक क़तरा दिखाई पड़े तो उसे आँखों में बसा लेना चाहिए।

मुक्तिबोध का स्मारक बनाते हुए इस बात का ध्यान भी रखा गया कि वहाँ के अन्य रचनाकारों की उपेक्षा न हो। पक्षपात के चौतरफा घमासान में यह विवेक भी आमतौर पर दिखाई नहीं देता वैसे भी यह मार्ग बहुत कठिन है। तुलसी ने मानस में इसकी बड़ी सुन्दर मीमांसा की है, जो आज बड़े काम की है और पहले से बता देती है कि 'विवेक' का मार्ग कंटकाकीर्ण है, हिम्मत हो तो चलना! वे कहते हैं कि विवेक के बारे में एक तो कहना कठिन है, फिर उसे समझना कठिन है और साधना तो और भी कठिन है। फिर भी संयोगवश यह साध ही लिया जाए तो उस व्यक्ति (या व्यवस्था) के सौ दुश्मन खड़े हो जाते हैं :

'कहत कठिन समुझत कठिन साधत कठिन बिबेक।
होई घुनाच्छर न्याय जौं पुनि प्रत्यूह अनेक॥'

दाएँ इसलिए नाराज हैं कि बाएँ का स्मारक क्यों बनाया? बाएँ इसलिए नाराज कि दायाँ अपनी उदारता दिखा कर यश लूट रहा है और संकीर्णता उनकी झोली में डाल रहा है! जबकि एक लेखक, कलाकार या

रचनाधर्मी किसी दल या वर्ग की बपौती नहीं होता, वह समाज की साँझी संपदा है। हर बड़ा लेखक बहुलता, संवेदना, उदारता, लोक-कल्याण जैसे श्रेष्ठ मूल्यों को अपनी तरह से रचता और समाज को संस्कारित, समृद्ध और अग्रगामी बनाने का प्रयास करता है। उस पर किसका कब्जा!

एक छोटे प्रदेश का यह बड़ा काम सचमुच प्रेरक और अनुकरणीय है। उदार लेखक और बुद्धिजीवी अवश्य इसके समर्थक होंगे, क्योंकि अच्छे को अच्छा और बुरे को बुरा कहना उनके विवेक की भी तो कसौटी है।

(नवम्बर 2005)

स्मृति : निर्मल वर्मा

'नया ज्ञानोदय' का लोकार्पण उन्होंने किया था। उनकी अंतिम कहानी 'अब कुछ नहीं' अगस्त 2005 के अंक में छपी थी। उन्होंने फोन कर बताया था "मैंने आपसे किया वादा पूरा कर दिया है"...मैंने कृतज्ञता जताई, तुरन्त एक सहयोगी को भेजकर कहानी बुलवाई थी। और अब 26 अक्तूबर के अखबार में देखता हूँ—'अब कुछ नहीं'...

अपनी डायरी के पृष्ठ पर कभी उन्होंने लिखा था—*'बूढ़ा होना क्या धीरे-धीरे अपने को खाली करने की प्रक्रिया नहीं है? अगर नहीं है तो होनी चाहिए, ताकि मृत्यु के बाद जो लोग तुम्हारी देह को लकड़ियों पर रखें, उन्हें कोई भार महसूस न हो और अग्नि को भी तुम पर ज्यादा समय न गँवाना पड़े, क्योंकि तुमने जीवन काल में ही अपने भीतर वह सबकुछ जला दिया है, जो लकड़ियों पर बोझ बन सकता था।'* कंधा देते भी महसूस किया जा सकता था कि डायरी के ये शब्द कंधे पर उठाए जा रहे हैं।— देह पर रखे फूल भी उनके फूल से शरीर पर कुछ ज्यादा ही बोझ डाल रहे थे।

इसी सितम्बर की कोई घरेलू शाम थी।... नाक में साँस की ट्यूब लगे-लगे ही बैठे कोई घण्टाभर धीमे-से बात करते निर्मल के ओठों पर एक सादा-सी प्रेमिल मुस्कान थी। गगन जी भी अपनी सहज स्मितचिंता में बतियाती, थोड़ी मुखर, जैसे उस धीमेपन की प्रतिपूर्ति करती। उस शील,

सौजन्य से यह मेरी अंतिम मुलाकात थी। इसके पहले इधर सभाओं में और फिर एक डेढ़ साल के भीतर दो बार अस्पताल में उन्हें अशक्त देखा था। तब क्या मालूम था कि डायरी में लिखे शब्दों को वे देह पर लिख रहे हैं और चुपचाप अपने को हल्का कर रहे हैं।

यों तो अर्से से फेफड़े उनकी साँस से काँपते थे, लेकिन गत एक-डेढ़ साल तो बड़े संकट में बीता। इसी बीच घर से अस्पताल वे ऐसे आते-जाते रहे जैसे कोई एक बरामदे से दूसरे बरामदे में आता हो। पीड़ा पहले घनीभूत हुई, फिर उसने प्राण के साथ देह छोड़ दी।

मृत्यु के क्षण भी बड़े ही व्यंजक और मसखरे होते हैं। जीतेजी लोगों ने उन्हें हिन्दुत्ववादी, प्रतिक्रियावादी, दक्षिण पंथी और जाने क्या-क्या कहा। सम्मान और महत्व के अवसरों से उन्हें वंचित किया। लेकिन श्मशान में जितने धर्मों, जातियों, विचारों के लोग इकट्ठा थे, वैसा वैविध्य तो उनकी चिताओं के पास भी नहीं देखा जाता जो अपने को इनसे उल्टा दिखाते हैं। मृत्यु ने निर्मल जी के उस विराट् सत्य को दिखा दिया था जहाँ क्षुद्र जीवन के लम्बे हाथों की पहुँच न थी।

निर्मल जी से कई बार मिलना हुआ। हर बार बात करने में वे बेहद शान्त, आत्मीय लगते थे, उनकी बोलती आँखों पर टपकती पलकों की बूँदाबाँदी चलती रहती और बात करने के आपके उत्साह को सींचती-सी एक लय बनाती। यह ऐसा बोध है जो आपके व्यक्तित्व को दबाता नहीं, न छोटा करता है। लेकिन शील में अगर कोमलता होती है तो दृढ़ता भी, यह निर्मल में अव्यक्त व्यक्त होता था—व्यक्ति के स्तर पर भी और विचारों के स्तर पर भी। क्योंकि ऐसा न होता तो उनसे लोगों को जूझना क्यों जरूरी लगता। जिस भाषा शैली में लोगों ने निर्मल पर तीर छोड़े हैं वे उनकी बेहद समर्थ, सतर्क और कठिन रचना-देह से टकराकर अक्सर छिन्न-भिन्न हुए हैं।

भाषण देते वक्त उनमें भावना का संचार देखा जा सकता था। पहले उनकी आँखें बोलतीं एक अजब निरीह सूने फैलाव में; फिर उनका मुँह, उनकी मुद्रा बोलती,जैसे उन्हें कोई भीतर का युद्ध करना हो। तब कहीं

उनकी कंठनलिका (वोकल कॉड) में हलचल होती। ये क्रियाएँ एक-दूसरे के तुरन्त बाद सिर्फ बारीकी से देखने पर ही दिख सकती थीं। निर्मल हर सभा में तैयारी से जाते, वे बराबर महसूस करते होंगे कि औपचारिकता उनके लिए नहीं बनी और वे एक उत्तरदायी भाषा के उत्तरदायी लेखक हैं। उन्हें अपनी ओर से अपना अर्जित कुछ कहना है, कुछ प्रतिपादित करना है। अक्सर पढ़कर बोलते। बहुत संयम से। लेकिन जब कभी वाचिक होते थे तब भी तारतम्य, तार्किकता, विषय की नोक पर खड़ी थरथराहट और बेकली से भरे होते। यह भी इस तरह नहीं कि दिखाई दे, हाँ कोई चाहे तो लक्षित कर सकता था। कभी उन्हें अप्रासंगिक या वाचाल होते अथवा ठकुरसुहाती करते शायद ही किसी ने देखा हो। वे तीखी विमति भी प्रकट करते लेकिन इस तरह जैसे वह उनका 'स्वगत' हो। शायद तभी प्रतिपक्षी भी उनके शब्दों का मान करते और जरूरत लगे तो प्यार करते थे। विचार के क्षेत्र में असल में तो अपने को सम्प्रेषित करना होता है, दूसरे को आश्वस्त करना होता है, कोई झगड़ना तो होता नहीं। इस सच को एक झगड़ालू समाज के बीच स्थापित कर सकना किसी मौन प्रार्थना की तरह ताकतवर होता है। यह या तो जैनेन्द्र में या निर्मल में दिखाई देता था।

दो बार मैंने निर्मल जी को कोलकाता बुलाया था। दोनों वक्त वे बड़ी ही अनौपचारिक शालीनता से आए। अस्वस्थता की वजह से जब वे वायुयान से आए तो वरिष्ठ नागरिक के किराए पर, जबकि उसी दौर में लेखक बिजनेस क्लास में भी आए। लगता था दिल्ली में एक ऐसा भी वी.आई.पी. है जो सम्हालकर पहनने वाले 'इस' चोगे को दूर फेंक कर उसकी इज्जत बढ़ा रहा है। खैर यह प्रसंग छोटा लग सकता है, पर है नहीं। एक तो इसलिए कि निर्मल जानते रहे कि सम्पन्नों की हिन्दी-संस्थाएँ भी कमोबेश विपन्न होती हैं, जैसे वे फ्रीलांस थे वैसी ही संस्थाएँ भी होंगी और इन दो गरीबों को एक-दूसरे का दर्द जानना चाहिए। आप देखें, संवेदना कितनी दूर तक जाती है, जिसे शायद निर्मल भाषा के समस्त व्यवहारों में 'नैतिकता' कहते हैं। ये चीजें मनुष्यत्व से जुड़ती हैं और अनिवार्य रूप से एक लेखक का अभ्यंतर रचती या रचाव को दिखाती हैं। खैर निर्मल जी से

एक बार हमने कोलकाता में 'पुस्तक केन्द्र' का उद्घाटन कराया, वे बेहद खुश थे, जैसे उन्हीं का घर बना हो।

निर्मल की भाषा का एक अंदरूनी मुहावरा है, जो चुपचाप अनुभवांतर और स्थित्यंतर कर देता है। आपके भीतर कहन और शब्दों की धमक महसूस होती है पर आवाज सुनाई नहीं पड़ती। अब देखिए, 'अब कुछ नहीं' में गुलेल को प्रतीक बना कर उम्र के अंतराल को, इतिहास को, संवेग को, साहचर्य को स्मृति में बदलना कितना गहरा और अर्थवान है। भारी उथलपुथल को बेआवाज रख देना निर्मल की कहानियों और उपन्यासों में हुआ है, पर वहाँ कोई मुर्दगी नहीं है, भीतर का ताप है—बहाता, गलाता और उद्वेलित करता।

'शिल्प शिल्प' उन्हें लेकर खूब कहा जाता है, प्रंशसा में भी, पर उसमें कथ्य को, यथार्थ को खारिज करने की आवाज भी सुनी जा सकती है। कथा-शिल्पी में शिल्प न हो यह कौन कहेगा लेकिन उसमें कोई अतिरिक्त अस्वाभाविक उभार नहीं है यानि शिल्प उनमें दिखता नहीं है। यही तो सच्चा शिल्प है। एक ऐसी आद्यंत लय है जिसमें कथा और प्रयोजन 'कहियत भिन्न न भिन्न' जैसा है। इसीलिए तो निर्मल सच्चे अर्थों में शिल्पी हैं जिसकी हर छेनी की चोट से रूप की कोई कोर उभरती है।

निर्मल वर्मा ने अकेले जो किया वह लेखकों का झुंड भी नहीं कर सकता था। वे उन कुछ लेखकों में हैं जिन्होंने हिन्दी भाषा और रचना की क्षमता से पश्चिम को अवगत कराया। अपनी साकार भाषिक उपस्थिति से अनेक भाषाओं के विद्वत् समाज को हिन्दी—सोच के उन्नत स्तर की पहचान करायी और हिन्दी के प्रति उनके वर्नाक्यूलर भाव को निरंतर चुनौती दी। अपनी शब्दावली को सोच की लय पर साधकर वे एक ऐसा स्वर रचते थे जो पढ़ते हुए भाषा की सहजता का आनंद भी देता है और अनेक सुंदर कुतूहलपूर्ण शब्दों और संरचना-प्रयोगों का भी। गद्य भाषा की तार्किक छटा में ऐसा मिठास, ऐसा आत्मीय बोध, और विवेकगत सम्यकता

का साक्षात्कार निर्मल में अपूर्व है। कहीं भावुक गलदश्रुता नहीं, न फिजूल खर्ची, जैसे शब्द और शिल्प कथ्य तक पहुँचाने के लिए एक नाव हो। मगर पाठक के लिए वह नाव भर नहीं होती, एक संस्कार, एक दीक्षा होती है और सबसे बड़ी बात सोचने का एक सलीका होती है।

इस दृष्टि से सर्जना और विचार के स्तर पर निर्मल ने हिन्दी को जो दिया है उसका मूल्यांकन पीढ़ियों तक होगा। वे उन लेखकों में हैं जिन्होंने लेखक और पाठक का मानसिक तापमान बढ़ाया और यह भ्रम तोड़ा कि हिन्दी के पाठक श्रेष्ठ और गंभीर साहित्य के पाठक नहीं हैं। वे जानते थे कि पाठक को अपने भीतर सम्मानजनक स्थान देना श्रेष्ठ साहित्य की बड़ी प्रेरणा होती है और शायद कसौटी भी।

अपने विचार-गद्य में निर्मल ने भारतीय स्मृति, उसके मानस और ऐसे अभ्यंतर को समझने की चेष्टा की जिसमें किसी संप्रदाय की गंध नहीं, कठमुल्लापन की कोई वकालत नहीं, बल्कि एक प्रेरक संस्कृति की निरंतर खोज है, जिसे काल और वहशी आक्रमणों की धुँध ने ढक लिया या क्षत कर दिया है। निर्मलजी का यह संघर्ष ऐसे तमाम आयातकों को खला जो बनेबनाए साँचों के सहारे झुंड बनाते रहे, नकलियाते रहे। ऐसे लोगों ने निर्मल के भीतर विदेश को देखा और उनकी भारतीयता, मनीषा और स्मृति को कुछ उजड्ड ध्वजवाहकों की कोटि में रखने का गुनाह किया। मैं समझता हूँ कि उदात्त और उन्नत विचारों को गलत परिभाषित करना एक समूची भाषा और जनता के प्रति अपराध है और उस पूरे जगत के प्रति जहाँ विचारों को पहुँचना है। विदेश में रहना, वहाँ के प्रश्नों को एक वैश्विकता देना न तो आलोच्य है न अपने देश की चेतना, स्मृति, संस्कार, प्रणाली, जीवनार्थ के अंतरंग-सही पक्षों पर बल देना और समझ के लिए इजलास में रखना। आत्महीनता और विचारों के थोक आयात युग में निर्मल ने एक ऐसा प्रतिस्पर्द्धी संतुलन रचा जो एक करणीय और साहस का काम हुआ। निश्चय ही इसके लिए निर्मल ने टकराहटें झेलीं, फिर भी भीतर की आवाज, तर्क और सांस्कृतिक दृष्टि से विचलित न हुए। उन्होंने भारत से पश्चिम की और पश्चिम से भारत की एक बहुत ही समृद्ध सांस्कृतिक मंच

पर मुलाकात कराई। उनकी कथा-कहानियों में जैसा खुलापन और वैश्विकता है वैसा ही विचारों में भी। लेकिन इसका अर्थ यह नहीं कि उन्होंने देसी मूलगंध, मिट्टी का स्पर्श, मानव-स्वभाव छोड़ा हो, जिससे रचना उपजती है। उनके साथ त्रासदी यह हुई कि देसी सनातनता और उनके विश्व विवेक के संगम को फूहड़ तात्कालिकता से परिभाषित किया गया। विश्वास है कि यह धुँध धीमे-धीमे छँटेगी।

एक बुद्धिजीवी की आशंकाएँ निर्मल में सघन थी। उन्होंने चेकोस्लोवाकिया और लैटिन अमरीकी देशों में बूटों की धमक, कोड़ों की आवाज और कटघरों में धकेलने के दृश्य देखे-सुने थे। यह आतंक जो उनमें समाया था—वही तो 'रात का रिपोर्टर' में एक स्थानीय परिदृश्य में आंका गया था। इस उपन्यास को लेकर बड़ी बहसें हुईं, उनमें कुछ ठीक भी थीं, परन्तु किसी ने भी आतंक और भय के उन केन्द्रों पर खड़े होकर उसे नहीं देखा जहाँ से निर्मल का अंतरराष्ट्रीय भय अपने भयों में बदल रहा था। उनके भीतर सोयी-आशंका आपातकाल के खूंखार समय में जाग गई थी और एक पूरे समय और समाज के लिए चिंता से भर गई थी। यह आकस्मिक नहीं कि हमारे समय के कथित दो ध्रुवांतों के दो लेखक मुक्तिबोध और निर्मल अँधेरे के शिल्पी रहे। अँधेरे के भीतर ही शायद उन्हें अपनी-अपनी तरह से शोध करना था, जो वक्त की हवाओं में परत दर परत जमा था।

निर्मल वर्मा हिन्दी में अपनी काट का एक लम्बा इतिहास रहे हैं। एक गद्य लेखक और कथाकार के रूप में हिन्दी में स्वाधीन जीवन जीना मुश्किल ही है और इस तरह जीना कि जिसमें न तो कोई मांग हो, न ऐषणा। क्योंकि ये सब चीजें लेखक को कमजोर करती हैं और ऐसे अवसर जुटाती हैं जहाँ उसे अपने आप को प्रत्यर्पित करना पड़ता है। हिन्दी जैसी भाषा के अभावग्रस्त लेखक का दुनिया के लेखकीय जीवन की समृद्धि को बहुत पास से देखते हुए भी देसी जीवन जीना अपने आप को कितनी बड़ी

चुनौती में डालना था!

निर्मल को खेमों में बाँधने-बाँटने की कोशिश की गई, पर जब देखो वे उसके बाहर आ खड़े होते थे। आज वे अपने आलोचकों को शत्रुविहीन कर गए हैं। जो शायद स्यापा करते होंगे कि हाय, अब हम किससे लड़ेंगे!

(दिसम्बर 2005)

निधन : अमृता प्रीतम

राग अमृता

"तुम्हें छाती से लपेटकर बादलों की भीड़ में से कैसे गुजर पाऊँगी?"
उसने बिजली की तरह देखा और कहा—
"किसी से भी राह मत माँगना
और किसी के भी कन्धे पर हाथ मत रखना
घबराना नहीं न भुलावे में आना है
और बादलों को भी इस पवन की तरह गुजर जाना है।"

(मुलाकात)

—यह अमृता प्रीतम है, अपनी तरह की कलम। किसी से राह न माँगती हुई, किसी के कंधे पर हाथ न धरती हुई, स्वाधीन। उसकी कोई रचना उठा लीजिए—आप कह देंगे कि यह अमृता प्रीतम है।

क्या है अमृता प्रीतम? शिल्प से लगाकर वस्तु तक में आत्मविश्वास से उपजा आर्द्रता का स्वरूप। समय हो, समाज हो, घटना या व्यक्ति हो, *अमृता के रसायन* में घुलकर उसका ठोस, स्थूल, विद्रूप पिघल जाता है। यह उसकी रूमानी या रहस्यपरक रचनाओं में ही नहीं; यथार्थवादी, प्रगतिशील,

स्त्री-चेतना संबंधी रचनाओं में भी है। 'पिंजर' जैसे विभाजन की खूनी दास्तान कहने वाले उपन्यास में भी यही आर्द्रता अमृता को इस विषय पर लिखने वाले अन्य लेखकों से अलग करती है; जिसका अन्त यों है कि विभाजन होने को था और पूरो का ब्याह भी। विभाजन ने सब कुछ चौपट कर दिया। पूरो रशीद के हत्थे चढ़ गई। घोड़े पर डालकर वह उसे उड़ा ले गया। लेकिन यह बोझ रशीद के भीतर दबी इंसानियत पर बना रहा, जिसे वह लाजो को सीमा-पार, अपने पति को सौंपने के लिए घोड़े पर चढ़ाते हुए हल्का करता है। इधर देखिए कि लाजो अपने पति को सौंपी जाती है, पर परिवार से बिछुड़ी और अपहृत पूरो रशीद के साथ रहना चुनती है— 'पूरो की आँखों में रोके हुए आँसू उभर आए। उसने धीरे से अपने भाई के हाथ से अपनी बाँह छुड़ा ली और परे खड़े हुए रशीद के पास जाकर अपने लड़के को उठाकर अपने गले से लगा लिया।' यहाँ तक पहुँचने के लिए अमृता ने रशीद के बर्ताव में उस कोमलता की पहचान करा दी थी जो क्षणिक उन्माद का आवरण हटने पर; मनुष्य को धर्म, जाति वगैरह की सीमा के परे ले जाती है। विभाजन की त्रासदी को संयोजन के इस सूत्र में कौन पिरो रही है—भीतर की आर्द्रता ही न—जो मानव हृदय की किसी गुप्त रागिनी को टोह लेती है!

विभाजन से ही संबंन्धित अमृता की प्रसिद्ध कविता 'वारिस शाह से' है, जिसमें तमाम दरिंदगी और उससे उपजे भय, वितृष्णा आदि को उजागर किया गया है। परन्तु इसमें भी वेदना और करुणा ही प्रधान है और खोए हुए प्रेम-संसार को फिर पाने की हसरत है :

'जहाँ प्यार के नग़्में गूँजते थे,
वह बाँसुरी जाने कहाँ खो गयी
और राँझे के सब भाई
बाँसुरी बजाना भूल गये...

वारिस शाह! मैं तुमसे कहती हूँ
अपनी क़ब्र से बोलो

और इश्क़ की किताब का
कोई नया वर्क़ खोलो!'

(वारिस शाह के अवदान से पंजाब के दोनों हिस्से परिचित हैं। अमृता उन्हें सिर्फ याद नहीं कर रही, अपना मकसद उनमें तलाश रही है।)

यह उल्लेख दिलचस्प होगा कि अमृता हर व्यक्ति, विधा और स्थिति में अपना मौलिक अवकाश निकाल ही लेती हैं। मसलन उन्होंने 'प्रबोध सान्याल' पर एक संस्मरण लिखा है, जो ठंडी रातों में भी कंकरीली पगडण्डियाँ नापते रहे, लेकिन उनपर लिखते हुए अमृता की पहली पंक्ति है 'प्रबोध सान्याल बंगाल के वो कथाकार थे जिन्होंने राहों की दरगाह पर पैरों की न्याज़ दी थी।' इस घोर जमीनी संघर्ष करने वाले लेखक पर लेख का शीर्षक है 'आसमान की मोमबत्ती।'

अमृता की प्रथमतः और अंततः छवि रूमानी लेखिका की है। अगर इस तरह भी हम उनके द्रव को परखें तो कोई हर्ज नहीं, लेकिन तब हमें रुमानियत को प्रेम-रोमांस के आवर्त से निकाल कर एक व्यापकता देनी होगी जो स्वयं उसके अंतः संवाही अर्थ में निहित है। अमृता का मांसल उत्ताप, सूफियाना अन्दाज, रहस्यवाद, दर्द, आवेग, विकलता, प्रार्थना, करुणा और अनुभव की विविधता में रोमानियत एक बीज की तरह है—यहाँ तक कि विद्रोह में भी। उनके उपन्यास 'कोरे कागज' का एक पात्र किसी संदर्भ में कहता है, ''पर ये बातें शायद समाज के लिए होती हैं, रोमांस के लिए नहीं''...तो स्त्री पात्र कहती है—''यह भी हो सकता है कि यह रोमांस इसी विद्रोह से पैदा हुआ हो।'' यहाँ प्रसंग में न जाकर केवल यह देखना मुनासिब होगा कि अमृता के यहाँ विद्रोह से भी रोमांस पैदा होता है और शायद इससे उल्टा भी सच है। इस विस्तृत फलक को न देखना अमृता की रूमानियत के साथ ग़ैरइन्साफी होगी।

अमृता का जीवन दुःख का जखीरा और कई तरह के अनुभवों का

भंडार रहा है। बचपन में माँ के छिन जाने के बाद से उनका बहुत कुछ छिना है और बहुत कुछ उन्हें मिला भी है। वे देश-विदेश में घूमीं, अनेक व्यक्तियों से मिलीं; इतिहास और भूगोल को अपनी तरह देखा और अपनी ही तरह आत्मसात किया। शायद इसीलिए उनके साहित्य में भी जगह-जगह राग-विराग, दर्द, आवेश, कल्पना, रहस्यपरकता जैसे जज़्बातों की बस्तियाँ बसी हैं। जैसे बंजारों की गाड़ी में सारा घर होता है और किसी भी पेड़ की छाया में चूल्हे की आग, वैसे ही अमृता के भीतर का राग और उसकी आग हर तरह के अनुभव, स्थिति और काल की ज़मीन पर अपनी बस्ती बसा लेती है। इसीलिए कथ्य और शिल्प की उनमें बड़ी विविधता है, और गति भी।

एक लेखक अपने मानस को जिस रुझान, शेड और मिज़ाज में ढालता है, उससे उसका वस्तुजगत अलग तरह से खुलता है। अमृता की रूमानियत में देह अनुपस्थित नहीं है, शुरू में तो वह बहुत दबाव के साथ थी, लेकिन उसका कुल रुझान या मिज़ाज सूफियाना-रहस्यवादी किस्म का है, हम कह सकते हैं कि अमृता में प्रेम की रागिनी रहस्य के सितार पर बजती है। यह उसे बाबा फरीद और अन्य संतों से विरासत में मिली है (उसने कहा है—'मेरे वजूद का टुकड़ा/ दरगाह के दिये की तरह जलता है') और शायद पंजाब की उन प्रेम गाथाओं से भी जिनमें अथाह समर्पण है।

'यह कौन से काल की गाथा है
मैं नहीं जानती
पर जानती कि कहीं एक गुफा थी
जहाँ मैंने आग का एक घूँट पिया था
और जहाँ आकाश तत्त्व ने एक नजर की थी
और अग्नि तत्त्व को दीक्षा दी थी।'

इस मिलीजुली फैंटेसी में से जब भी अमृता बोलती हैं, तो इतिहास की गहराइयों से उसके वर्तमान की देह थरथराती है।

अमृता है तो आखिर कवि ही। इसलिए उसका गद्य भी कई बार कविता के पास खिसक आता है। विम्बधर्मिता, प्रतीकवत्ता जैसी कविता की बारीकी और सांकेतिकता के औज़ार अमृता की गद्य कृतियों में भी खूब इस्तेमाल हुए हैं। मसलन उनकी एक छोटी कहानी 'ज़री का कफन' लें; जिसमें एक नव-विवाहिता है जो अपनी सास (या कोई अधेड़ स्त्री) द्वारा प्रताड़ित और पति द्वारा रक्षा न करने की कायरता से आहत है। इस कहानी में देहरी एक प्रतीक है, जिसके बाहर वह बरसों रहती है, इस बीच पति दूसरी औरत से विवाह कर लेता है। इस कहानी को लेखिका वृद्धा बनी अधेड़ा की मृत्यु और अधेड़ बनी नव-विवाहिता तक ले जाती है—एक वह जो साक्षात् मृत है, दूसरी वह जो जीवित मृत है। एक 'ज़री के कफ़न' से ढकी है, दूसरी 'सफेद साड़ी' से। कहानी सर्वनाम और प्रतीक में बोलती है कि एक, उत्पीड़न से जीते जी शव बन चुकी है जो सचमुच के शव के पैताने 'सफेद साड़ी' में खड़ी है और शव पर के 'ज़री के कफन' को देख रही है। अंत में सफेद साड़ी और ज़री का कफन दोनों देहरी के बाहर हो जाते हैं—दुःख देने वाला और पाने वाला दोनों। जिन्हें देहरी देख रही है। यहाँ यह सवाल उठाया जा सकता है कि एक तीखे यथार्थ को तरल ढंग से प्रस्तुत करना क्या मुनासिब है और दोनों को बाहर करने का क्या अर्थ है? एक को जीवन के बाहर और दूसरी को देहरी के बाहर? हम ऐसे कथ्य के इस ट्रीटमेंट से बेशक असहमत हो सकते हैं मगर लेखिका का अपना 'राग' है। शायद वह जीवन और मृत्यु के दो सिरों के बीच पाठक को उस वेदना और पीड़ा से गुज़ारना चाहती है, जो उत्पीड़न की परिणति को एक उदास, सूनी निरर्थकता में महसूस कर सके। हो सकता है वह आगाह करना चाहती हो। यों मौत को देखने पर ही जीवन का अर्थ समझ में आता है और द्वेष या क्रूरता की अन्तिम विफलता भी दिखाई देती है। फिर भी यह प्रश्न प्रासंगिक होगा कि क्या यह कहानी यथार्थ उत्पीड़न और संवेदना को संप्रेषित करती है? इस सवाल का उत्तर फिलहाल इस प्रश्न में निहित है कि क्या लेखिका की यह मंशा तो नहीं कि वह इससे एक जीवन-सत्य को उजागर करना चाहती हो? और अगर वह ऐसा चाहती हो तो रचना के

अनेक संप्रेष्यों में से यह भी एक संप्रेष्य है, और कम मूल्यवान नहीं। इस कहानी को हमने अमृता से एक मॉडल के रूप में लिया है जिससे उनके एक सृजनात्मक रुझान का पता चलता है।

'नहीं, आपसे या किसी से मैं कुछ नहीं कहती
यह तो जो खून में से बोले हैं
मैं वही हर्फ सुनती रही।'

अमृता प्रीतम में अपने खून में से बोले हर्फ को सुनने का अकूत साहस था। एक स्त्री जहाँ दुर्बल होती है, वहाँ अमृता समाज से साहस के साथ टकराती है। 'रसीदी टिकट' जैसी आत्मकथा लिखकर उसने सामाजिक और साहित्यिक हल्कों में एक तूफान खड़ा कर दिया था। उनकी बहुत लानत मलामत की गई थी। लेकिन उनकी कई कविताओं, कहानियों की तरह 'रसीदी टिकट' भी खुद जोखिम उठाकर मौजूदा स्त्री के लिए साहस की एक जगह बनाती है। एक स्त्री के इश्क और देह-शोषण की आत्मकथा इस समाज में एक तरह से आत्माहुति है, एकतरफा नैतिकता को चुनौती है और सीमोन द बॉवेया से बड़ी चुनौती है। जबकि एक पुरुष द्वारा स्त्री-देह शोषण और उसे वस्तु की तरह इस्तेमाल का रस-वर्णन न साहस में आता है न नैतिकता में। उससे एक ढीढ बेहयायी टपकती है जो आत्म-ताप तो कतई नहीं, आत्म-दर्प है और कुछ कर न सकने की अवस्था में किये हुए का चर्वण है। इसका जो प्रभाव होता है—उसे सृजनात्मक भी कौन कहेगा? फर्ज़ कीजिए कि इस तरह की स्मृतियों से दूसरे पुरुष का साहस बढ़ता है तो क्या नतीजे होंगे? उसी समय सन् 1985 में, भोपाल आने पर मैंने अमृता जी से 'रसीदी टिकट' पर उठे बवाल के बारे में प्रतिक्रिया जानना चाही थी तो एक उदास और तटस्थ उपेक्षा से उन्होंने कहा था—''मैं जब लिखती हूँ तब अकेली होती हूँ और अकेली ही पाठक। बाद में अगर कुछ पाठक मिलते हैं तो ग़नीमत है, नहीं मिलते तो मुझे कोई शिकवा नहीं होता।'' यानि इसकी पर्वा नहीं कि कोई क्या कहेगा?

आरम्भ में हमने अमृता जी की जिस स्वाधीन चेतना का ज़िक्र किया

था, वह उनके लेखन और इस प्रतिक्रिया से भी प्रकट होती है। जीवन और कर्म को एक-सा जीते हुए, कई बार उपेक्षा और अवमानना झेलते हुए भी अमृता अपनी राह चलती रही और देह के असमर्थ होने पर भी किसी न किसी तरह रचना कर्म से जुड़ी रही। यह उनकी जीवट थी।

एक बहुमुखी प्रतिभा से भरी, संवेदनशील, विस्तृत फलक की मार्मिक सर्जक के उठ जाने का ग़म पाठक और लेखक समाज को सालता रहेगा। वे जितनी पंजाबी की थीं उतनी ही हिन्दी की थीं। उन्हें मौलिक लेखक की तरह हिन्दी पाठक ने पढ़ा और उनसे अभिभूत हुआ। वे अपनी रचना-देह में इस वक्त भी मौजूद हैं।

(जनवरी 2006)

कामुक हिंसा : नए नए अध्याय

सभ्यता की सड़क पर स्त्री का भय

इस आजाद देश में 'अपराध' के मन में मुक्ति का अहसास इतना अखण्ड है कि वह गाँव से लगाकर शहर और शहर से देश की राजधानी तक बेधड़क सीटी बजाता घूम रहा है। यों तो हर कोई उम्मीद करता होगा कि देशभर के टैक्स का अधिकांश जहाँ झोंका जाता है वहां जीवन अधिक सुन्दर होगा; अधिक सुरक्षा, अधिक स्वाधीनता, अधिक सभ्यता होगी, दिन की तरह चमचमाते उजाले में रातें भी दिन की तरह निरापद होंगी। पर इसी दिल्ली में यह सवाल अधिक बेचैन करता है कि क्या हम एक आजाद देश के नागरिक हैं ? और आजाद देश की राजधानी में हैं ?

हजार बन्धनों, विवशताओं और तमाम शोषण प्रणालियों को एक तरफ रखकर अगर हम सीधे एक लड़की, एक किशोरी, एक युवती, प्रौढ़ा या वृद्धा की बात करें; सुबह, दोपहर और रात की; सड़क, अस्पताल और घर की, या राजधानी के सबसे प्रतिष्ठित गौतमबुद्ध पार्क की; भव्य महल, पूजाघर और झोपड़ी की या जंगल की कि औरत किस उम्र में, किस जगह, किस वक्त और किस अवस्था में स्वाधीन और सुरक्षित है—तो देश की आजादी का यह सवाल हमारे लिए और भी भयावह हो उठेगा। यों तो भ्रूण

में भी लड़की सुरक्षित नहीं है, उसके जिन्दा बाहर आने पर आज भी पहरे हैं—पहले से अधिक—क्योंकि वैज्ञानिक प्रगति ने हमें भ्रूण में ही उसकी पहचान करा कर उससे मुक्त होने का रास्ता दिखा दिया है, वरना यह क्यों होता कि हम सभ्यता की इस कथित ऊँचाई पर पहुँचकर भी पुरुष की तुलना में कम स्त्री वाले देश होते और हमारी राजधानी इस मामले में अग्रणी होती? दुर्भाग्यवश आज बच्चों के बीच यह अन्तर बढ़ता ही जा रहा है। जहाँ तक स्त्री का सवाल है जन्म लेने के साथ ही उसके सिर पर जोखिम मंडराना शुरू हो जाता है और राजधानी में आने या जन्मने पर तो शुरु होती हैं उसकी सबसे कठिन परीक्षा की घड़ियाँ...।

अगर 'उस' लड़की के प्रकरण को हम एक प्रतीक मानें जो दूसरे प्रदेश से दिल्ली विश्वविद्यालय में पढ़ने आयी थी और दिन जैसी रौशनी में रात दो बजे के करीब होटल में लड़कियों के साथ खाना खाने गयी थी और मार-पकड़ में अन्य लड़कियों की बजाय कार में बैठे गुण्डों द्वारा अगवा कर ली गयी थी और चारों के द्वारा बलात्कार करने के बाद एक सूनी जगह कार में से धकेल दी गयी थी। क्या औरत एक जीन्स है कि उसे कहीं से भी, उसकी इच्छा के विरुद्ध, आलू के बोरे की तरह उठाया, कार में पटका, उससे कुकर्म किया और धकेल दिया? (कहीं इस साहसिक काम के लिए ही मनचले कार खरीदने न लगें?)

...अखबार, टी.वी. सबके लिए वह एक गर्म खबर थी यानि दुःखद होते हुए भी एक सुर्ख मसाला—जैसा आम तौर पर होता है। खैर, लड़की ने अपनी मारक मजबूरी को समझदारी और प्रत्युत्पन्नता से लिया। उसकी जिजीविषा प्रबल थी और संघर्ष का संकल्प भी, जो ऐसे वक्त न होता तो वह मारी जाती या घायल होती या पता नहीं उसके साथ क्या होता? उसने कहा कि उसने 'विरोध न करने में' ही खैर समझी। इसीलिए वह आज विरोध करने को जिन्दा है, इसीलिए वह हिम्मती लड़की अपराधियों से प्रतिशोध लेकर सबक सिखा सकती है और इस कठिन वक्त के लिए एक उदाहरण बन सकती है।

...लेकिन हमारा सामाजिक चरित्र देखिए जिसके पास जरा दूरंदेशी

नहीं, अन्याय और भ्रष्टाचार से संघर्ष का मनोबल नहीं, क्या इससे लगता नहीं कि यह देश गुलाम ही रहने लायक था? स्वाधीन होने का क्या मतलब है, अगर मन इतना पराधीन और कायर हो? बहरहाल यह लड़की अब दिल्ली आना नहीं चाहती। लेकिन वह जहाँ है वहाँ से उसके बयान हमारी सामाजिक क्रूरता, मूर्खता और मनुष्य के अपमान के उदाहरण बनकर, सभ्यता, संस्कृति, स्वाधीनता, समझदारी और सम्वेदना को धिक्कार रहे हैं। वह कहती है कि वह अकेली पड़ चुकी हैं, पुलिस उससे जो सवाल करती है वे स्वयं उसके प्रति संदेह भरे और उसके चरित्र पर लांछन की तरह हैं, समाज के लोग बलात्कार के लिए उसे ही अपराधी और जिम्मेदार मानते हैं। यानि पुलिस, समाज और देश का उसके प्रति एक जैसा रवैया है। न्यायालय भी उससे कमोबेश वैसे ही सवाल करेगा। ऐसे में यह प्रबुद्ध और संजीदा लड़की अगर आत्मधिक्कार या आत्मदया में अपना जीवन बिताए, या कोई मजबूर रास्ता चुने, या पागल हो जाय या अपनी जान दे दे तो आश्चर्य नहीं। क्या यह लड़की हमारी पूरी व्यवस्था और सोच पर प्रश्नचिन्ह नहीं?

हैरत है एक लड़की राजधानी की भीड़ भरी सड़क पर अकेली नहीं चल सकती, बसस्टैंड पर खड़ी नहीं रह सकती, कोई भी उसे कार में, ऑटो में, बस में पटक कर ले जा सकता है। वह न भटक सकती है, न किसी से रास्ता पूछ सकती है; जैसे उसकी हर हलचल पर किसी बटमार की निगाह हो। पिछले दिनों भर दोपहर में अपने घर जा रही उत्तर पूर्व की एक छात्रा को एक टैक्सी ड्राइवर ने पकड़ लिया, उधर से गुजरते मित्र ने उसे देख लिया तो गुण्डे को चुनौती दी। गुण्डा ताकतवर था। उसने उसे तो पटकनी दी ही, मारपीट कर लड़की से जो चाहा किया और पूरी भीड़ यह दृश्य सिनेमा की तरह देखती रही। जहाँ जन-चेतना और जन-साहस का यह हाल हो, जहाँ पुलिस अक्सर दुर्घटना के बाद पहुँचती हो और अधिकांश अपराधी उसकी पकड़ से बाहर रहते हों, या पकड़े जाने पर प्रमाण के अभाव में बेदाग छूट जाते हों (ऐसे अपराधी अधिक घातक होते हैं।) वहाँ एक नागरिक के जीवन की क्या स्वाधीनता और कैसी गुहार! तिसपर अगर वह स्त्री हो...!

हमने स्त्री को शिक्षा का अधिकार, काम का अधिकार और हर क्षेत्र में आगे बढ़ने की स्वाधीनता तो दे दी है पर क्या उसे वह परिवेश दिया है, क्या समाज के भीतर वे मूल्य, वह चरित्र, वे स्थितियाँ, वह संजीदगी, सम्वेदन, विकसित किये हैं जो इस अधिकार और स्वाधीनता को वास्तविक बनाते हैं? हम मकान बनाते समय आग बुझाने का सिलेंडर भी रखते हैं, भले ही आग कभी न लगे, वैसे ही हमारे सोच में लड़की के उन तमाम खतरों के प्रति भी एक मानसिक अवकाश या परिपक्व तैयारी होनी चाहिए, जो उसके प्रति होने वाले अत्याचार में उसे अकेला और आत्महीन न होने दे। सभ्यता के नये-नये उपकरणों और स्वाधीनता के खतरों का वस्तुगत रूप में, परिवर्तित स्थितियों के अनुसार मूल्यांकन आज एकदम जरूरी हो उठा है। यह कैसे होगा कि हम आगे तो बढ़ना चाहते हैं, पर बढ़ने के खतरों के अनुरूप अपनी मूल्य मीमांसा, अवधारणा, सामाजिक स्वरूप नहीं गढ़ना चाहते, तो, यह तो विकास और उन्नति की वैसी ही सोच है जैसे आप ब्रेक पर पैर रखकर गाड़ी चलाना चाहते हों।

पुरुष की नैतिकता किस इन्तहा तक पहुँच चुकी है, इसका एक नमूना तो आपने प्राचार्य द्वारा छात्रों से बलात्कार में देखा ही था। अब जरा यह जायजा भी लें : तीन साल की लड़की और इक्कीस साल का लड़का, बीस साल का युवक और अस्सी साल की बुढ़िया...एक बूढ़ा ससुर और जवान बहू...इस घिनौनेपन का जवाब है किसी समाज के पास? बाबा आदम के जमाने की न्याय व्यवस्था हम आज भी ढो रहे हैं कि हर हालत में स्त्री चाहे वह तीन साल की लड़की, अस्सी साल की बुढ़िया, तीस साल की बहू हो; उस कुकृत्य के लिए खुद जिम्मेदार है जिसे पुरुष ने किया है और वह पुरुष है इसलिए सर्वथा निर्दोष है। पानी में कमल की तरह। इससे तो महाभारत का जमाना ज्यादा प्रगतिशील था, जहाँ कहा गया है— 'नापराधोस्ति नारीणाम् नर एव पराध्यते।' यानि स्त्री अपराधी नहीं होती, पुरुष ही अपराधी होता है। यह कथन विवादास्पद हो सकता है, परन्तु एक सामाजिक, मानवीय न्याय-दृष्टि की ओर इशारा करता है।

जहाँ हर बारह घण्टे में एक बलात्कार होता हो, जहाँ गर्भवती स्त्री, अस्पताल में भर्ती मरीज, पूजा स्थल में प्रार्थना कर रही भक्तिन; कोई भी,

कहीं भी, किसी भी दशा में बलात्कृत हो सकती है वहाँ लोकतंत्र की कानून-व्यवस्था किस दशा में होगी, इसका अनुमान लगाया जा सकता है। कितनी लड़कियों की बलात्कार के बाद गला रेत कर हत्या कर दी गयी! ऐसी सेक्सी नृशंसता स्त्री के प्रति हमारी सोच को दिखाती है। स्त्री के प्रति क्रूरता का यह सामान्यीकरण इस हद तक है कि विदेश से पढ़ने आयी छात्रा हो, दूतावास की अधिकारी हो या यात्री; कोई भी इसकी ज़द से बाहर नहीं है। ऐसी स्थिति में यदि पिछले 26 सितम्बर को एक राष्ट्रीय अखबार ने मुख पृष्ठ पर दिल्ली को 'Rape capital' लिखा, यानी 'बलात्कारधानी' तो क्या गलत था?

सवाल यह है कि समाज को इस जगह किसने पहुँचाया? — सफेदपोश अपराधों ने; जिन्हें अगर आप अपराध कहें तो अपने को पिछड़ा साबित करेंगे! फिल्में, विज्ञापन अखबारों का तीसरा पेज (यों हर पेज तीसरा होने लगा है) और स्त्री को उत्तेजक वस्तु की तरह परोसना क्या इस तरह के हिंसक अपराधों के लिए कम जिम्मेदार हैं? इसके अलावा कामुक सी.डी., वेबसाइट! जो चीज दृश्य में है, उसे अनुभव में लाने की बेकली अच्छे अच्छों का ईमान डिगा देती है। खुद सम्भ्रांत वर्ग की या धन के इशारे पर काम करने वाली स्त्रियों की भूमिका भी इन अपराधों की पृष्ठभूमि में है, धन के पागलपन ने आँखों के आगे ऐसा पर्दा डाल दिया है कि ये नहीं देख पातीं कि इनकी हरकतों ने एक बड़े स्त्री समाज को कितने अपमान में, खतरे में डाल दिया है! फिल्मों में, पेण्टिंग्स में कला के नाम पर सेक्स का खुला नाच, चौबीसों घण्टे चलने वाले टी.वी. चैनल पर नृत्य और नृत्याभिनय के नाम पर कामुक, नग्न चेष्टाएँ युवा पीढ़ी को कहाँ ले जा रही हैं—इस बाजारवादी नंगेपन ने इस ख्याल को ही दिमाग से निकाल दिया हैं। इस साल दो कैलेण्डर टीवी पर बार-बार प्रदर्शित किये जा रहे हैं —जो लगभग नग्न स्त्री का हर कोण से आकलन करते हैं...स्तन, कमर, टाँगे इस तरह प्रदर्शित हैं कि जो कुछ पहना भी है वह बेमानी हो जाए और कल्पना को देह में झाँकने का खुला मौका मिले। टी.वी. के बालक-बालिकाएँ इसकी वकालत करते हैं (यह उनका दोष नहीं है)। निर्माता इसे अपना प्रयोग कहते हैं, वे इनके जरिए हर दिन को खुशनुमा बनाना चाहते हैं! 'संचालक-हाथ' अदृश्य रहते हुए अपना स्वार्थ साधते हैं!

पिछले दिनों पोर्नोग्राफी की वकालत में कुछ लोगों ने संस्कृत काव्य और मन्दिरों की मैथुन मूर्तियों के उदाहरण दिये थे। उनकी बात पर भरोसा होता था और लगता था कि ये बेचारे नया क्या कर रहे हैं, परम्परा का ही तो विकास कर रहे हैं! जब यही सवाल उक्त कैलेण्डर बनाने वाली या मॉडलिंग में देह-प्रदर्शन की निर्देशिका से पूछा कि क्या पत्थरों पर जो अंकित है वही सेक्स की अभिव्यक्ति के लिए काफी नहीं है ? उसने कहा कि 'नहीं, उसमें वे मुर्दा लगते हैं, उन्हें देखकर कोई उत्तेजना नहीं होती, उनमें गति नहीं, सक्रियता नहीं।' इससे ऐसे कैलेण्डर या चित्र बनाने वालों के इरादे प्रकट होते हैं। वे कला की अभिव्यक्ति के लिए नहीं, उत्तेजना पैदा करने के लिए हैं, भीतर की सक्रियता जगाने के लिए हैं। दो मिनट की काम-क्रिया-सी.डी. Rape and abuse बेचने वाले का कहना है कि खरीदने वाले पाँच में से एक इसे वास्तविकता में बदलते हैं। अगर ऐसा है तो उत्तेजना और सक्रियता को जब कोई सही राह नहीं मिलती तो वही रास्ता अपनाती है जिसका बयान ऊपर किया गया है। (इससे एक रहस्य जरूर प्रकट हुआ कि मंदिरों की मैथुन मूर्तियाँ, या आंगिक उभार, वक्रता; काव्य के श्रृंगारिक वर्णन जिन्हें निष्प्राण और सक्रियताहीन कहा गया है वे मनुष्य में उत्तेजना और सक्रियता नहीं, सौन्दर्य-बोध—कलात्मक परितोष पहुँचाते हैं और जीवन की समग्रता के परिप्रेक्ष्य में इन क्रीड़ाओं, चेष्टाओं और सम्बन्धों को देखते हैं।)

2005 के प्रारंभ में आधुनिक जीवन, राजनीति, कला, साहित्य, सूचना-संचार, दृश्य माध्यम के बाजारीकरण से उत्पन्न जिन विकृतियों का जिक्र किया गया था, उनका ग्राफ लगातार ऊपर की ओर जा रहा है।

क्या यह महज़ एक संयोग है कि इस पूरे साल शेयर बाजार भी अपने ही रेकार्ड को तोड़कर लगातार ऊँचाई पर चढ़ता रहा!...

और फिर से उसी विषय पर नए साल में भी लिखना पड़ा!

(फरवरी 2006)

महीन कविता के अनुवाद की समस्या

गुजराती कवि राजेन्द्र शाह के बहाने

कहा जाता है कि कविता उस अत्यंत सूक्ष्म तरल वस्तु की तरह होती है, जो एक पात्र से दूसरे पात्र में उड़ेंलते समय बीच में ही उड़ जाती है। स्थूल, वस्तुपरक, यथार्थवादी या कथात्मक कविताओं के बारे में भले ही यह कथन पूरी तरह खरा न उतरता हो, परन्तु राजेन्द्र शाह की कविताओं के बारे में यह अक्षरशः सच है। वस्तुतः जिन विषयों पर राजेन्द्र जी लिखते हैं, वे स्वयं सूक्ष्म और अमूर्त हैं–जैसे दर्शन और आत्मिक प्रेम। दृश्यमान प्रकृति भी उनके यहाँ ऐसे भावात्मक परिवेश में आती है कि उसे भी भाषान्तर में उतारना कठिन है। राजेन्द्र शाह शब्द-शिल्पी हैं और लयात्मकता उनकी पहचान है। जब तक दूसरी भाषा में शब्द-शिल्प की प्रतिरचना संभव न हो और लयात्मक अनुगूँज और विन्यास का रूपांतरण न हो, तब तक ऐसी कविता का अनुवाद निश्चय ही सर्जनात्मक नहीं हो सकता।

उमाशंकर जोशी ने राजेन्द्र शाह के बारे में कहा है कि वे बांग्ला ढाल के कवि हैं, तो सहसा याद आया कि रवीन्द्रनाथ को जब पहले-पहल हिन्दी अनुवाद में पढ़ा था, तब लगा था कि क्या ऐसी कविताओं के बल पर ही उन्हें विश्व कवि कहा जाता है? यही भ्रान्ति राजेन्द्र शाह की कविताओं

का अनुवाद पढ़ते हुए भी स्वाभाविक है। रवीन्द्रनाथ की कविता के सूक्ष्म प्राण, तरलता, लय, भाषा-विन्यास; आन्तरिक अर्थ और भाव-बोध को अनुवाद में न ढाला जाए तो उनकी कविताओं की क्या गत बनेगी? यही बात राजेन्द्र शाह की कविताओं के अनुवाद के बारे में भी कही जा सकती है।

राजेन्द्र शाह गत 50 वर्षों से गुजराती के शीर्षस्थानीय और वरेण्य कवि माने जाते हैं। उमाशंकर जोशी से लेकर निरंजन भगत की लम्बी कवि-परम्परा ने उन्हें सिरमौर कहा है; उनके नाम पर गुजराती में एक काव्य-युग है, परन्तु हिन्दी में उन्हें पढ़ते हुए प्रायः नहीं लगता कि वे सचमुच इतने बड़े कवि हैं, इसलिए गुजराती और हिन्दी के समवेत रचनाकारों, विद्वानों, मर्मज्ञों द्वारा राजेन्द्र शाह जैसे बड़े कवि को हिन्दी में उतनी ही गरिमा और नैसर्गिकता में उतारने की पहल करते हुए गुजरात में एक अनुवाद शिविर का आयोजन होना अपने में विशिष्ट घटना है। यह उचित ही हुआ कि इसमें गुजरात के अनेक स्थापित कवियों, विद्वानों ने भाग लिया और निर्देशन भी जाने-माने विद्वानों-लेखकों ने किया। यह पहल स्वागत योग्य है, जिसे हर भाषा में अपनाना चाहिए। हाँ, इतना अवश्य है कि राजेन्द्र शाह जैसे कवि की कविताओं का अनुवाद करने के लिए शायद ऐसी कई कार्यशालाओं की जरूरत लगती है, क्योंकि उनके कवि को दूसरी भाषा में खोलना आसान नहीं हैं।

गुजराती से हिन्दी में अनुवाद करने की एक समस्या संस्कृत से आई प्रायः समान भाषिक शब्दावली भी प्रतीत होती है, और यह सहज लग सकता है कि गुजराती शब्दावली को ही हिन्दी में ज्यों का त्यों उतार देने से अनुवाद सम्पन्न हो सकता है; जबकि कई शब्दों ने हिन्दी में अपना रूप और संरचना बदल दी है, हिन्दी का मुहावरा भी गुजराती से अलग है और गुजराती परिवेश में रहनेवाले हिन्दी विद्वानों को जो गुजराती शब्द सहज लगते हैं, स्वाभावतः वे उसका सामान्यीकरण कर लते हैं।

यह ठीक है कि अनुवादक को रचना के मूल-चरित्र और रचना-काल में प्रवेश करना पड़ता है, लेकिन वह उस काल की उपेक्षा नहीं कर सकता

जिसमें रचना रूपांतरित की जा रही है। यानी प्रस्तुति में समकालीन देशकाल का शिल्प भी अपनाना, कविता को अनुवाद-समय में संप्रेषित करने के लिए आवश्यक होता है। इस दिशा में हिन्दी गद्य में अमृतराय ने और बाद में राजी सेठ ने बढ़िया काम किया है। उधर राधावल्लभ त्रिपाठी ने संस्कृत रचनाओं के हिन्दी भाषांतर की दिशा में ऐसा ही कार्य किया है। उन्होंने आधुनिक शब्दावली और शिल्प में प्राचीन रचनाओं को इस तरह ढाला है कि वे आधुनिक प्रतीत होती हैं जबकि रचना में निहित काल को भी कोई क्षति नहीं पहुँचती। दूसरा उदारहरण वैदिक सूक्तों के हिन्दी गीतांतरण का है, जो छविनाथ मिश्र द्वारा किया गया है।

यह देखने में आया है कि गीत अथवा कविता को दूसरी भाषा में गीत या छंद में उतारने का आग्रह आधुनिक युग के पाठकों तक कविता को सही ढंग से नहीं पहुँचा पाता है, क्योंकि मूल कवि का शब्द-शिल्प, तुक, लय-विन्यास और अंतर्लय को छंद में साधना कठिन है। मुक्त छंद शायद कवि के आशय को आधुनिक पाठक तक अधिक मार्मिकता से पहुँचा सकते हैं, ऐसी मेरी विनम्र राय है।

राजेन्द्र शाह पूरी तरह कविता में ढले हुए कवि हैं। अर्थात् उनमें भाषा औपचारिकता और फैशनेलबल प्रवृत्ति न होकर उसकी स्वाभावि अंतर्वृत्ति है, जिसे उन्होंने स्वयं भी रचा है। एक बार दिखनौटी, सिंथेटिक कविता का अनुवाद सम्भव है, परन्तु अपनी भाषा, संस्कृति और लय में ढली और मौलिक कविप्रतिभा द्वारा रची स्वाभाविक कविता का अनुवाद दुष्कर है। अनुवादकों के सामने जरूर यह समस्या आती रही होगी।

संयोगवश मैं थोड़ी गुजराती जानता हूँ, इसीलिए मैंने गुजराती के हिन्दी अनुवादों के बीच झलकती मूल व्यंजना, भाषिक व्यवहार और आंतरिक लयात्मकता को किसी हद तक समझने की कोशिश की; इससे मुझे सामान्य प्रतीतियों को विस्तृत फलक पर देखने की प्रेरणा मिली।

राजेन्द्र शाह मूलतः प्रेम, सौन्दर्य, प्रकृति और लयात्मकता के कवि हैं और गत साठ-सत्तर वर्षों से इसी परिसर के नागरिक हैं। इन विषयों की साधना उन्हेंाने वैसे ही की है, जैसे तुलसी ने राम की। तुलसी ने रामचरित,

विनय पत्रिका, कवितावली, दोहावाली से लगा कर रामलला नहछू और जानकी मंगल तक लगभग सारे काव्य केवल रामचतिर पर लिखे हैं, परन्तु इसी में उन्होंने लोक से परलोक और आदि से अन्त तक समूचे मानव जीवन, सम्पूर्ण आध्यात्मिक ब्रह्माण्ड और पूरी काव्य-विधाओं को गा लिया है। ठीक वैसे ही राजेन्द्र शाह ने प्रेम, सौन्दर्य प्रकृति, अध्यात्म की बहुविध रचना की है; हर बार नए संदर्भ, नई व्यंजना और नई भाव-लय-भाषा-परिकल्पना के साथ; मानो इन्हीं में सर्जना का पूरा ब्रह्माण्ड निहित हो!

उनकी काव्यधारा, रागमयी आंतरिकता और व्यक्ति व्यंजना से आप्लावित है, लेकिन यह 'व्यक्ति' औपनिषदिक है। जहाँ वह व्यक्ति नहीं 'आत्म' हो जाता है, इसलिए राजनीति या समाजशास्त्र का व्यक्तिवाद, दर्शन में आत्मवाद हो जाता है। यह वही चेतना है जो भारतीय कवियों में आदि काल से आधुनिक युग तक सतत गतिमान है।

राजेन्द्र शाह 'निरुद्देश' (श्य?) कविता में कहते हैं:

एक परम आनन्द जलधि में
नौका सहज बहाऊँ।
विलसित रहूँ सभी में, मैं ही
रहूँ अन्त में शेष।

सीमित प्रेम की जगह व्यापक प्रेम का प्रसार भारतीय कवि की चिरंतन आध्यात्मिक भावना रही है- जो उपनिषदों के ऋषि का दाय है, इसलिए सिर्फ 'निरुद्देश्य' शब्द को लेकर कवि की व्याख्या करते जाना एक ऐसा अविचार है जिस पर कोई टिप्पणी करना अनावश्यक है।

राजेन्द्र शाह की मूल कवि-प्रकृति विद्रोही है, परन्तु यह वही विद्रोह है, जिसके भीतर कोमलता रो दृढ़ता व्यक्त करने का अभ्यास गाँधीयुग से जन्मा और विकसित हुआ? 'निरुद्देश्य' कविता में ही कवि का यह कहना कि *'नहीं किसी का लिया पंथ, मैं चलकर राह बनाऊँ'*-उनकी इसी प्रवृत्ति

का द्योतक है, इसलिए मुझे लगता है कि अलग पथ बनाते हुए भी राजेन्द्र जी गाँधी-चेतना से बहुत भिन्न कवि नहीं है। उन्होंने अपनी विषयवस्तु और कोमल व्यंजना शिल्प से जो कुछ सृष्टि की है, वह गाँधी की आत्मा से कहाँ अलग है! व्यवहार में कोमल दृढ़ता, व्यक्ति से लगाकर समष्टि तक प्रेम की व्याप्ति और अध्यात्म-चेतना गाँधी का स्वीकार ही है। हाँ, सौन्दर्य के अंकन की कवि-दृष्टि और शिल्प में भेद होना स्वाभाविक है।

राजेन्द्र शाह की एक विशेषता यह है कि वे केवल कवि (शुद्ध कवि) हैं। उन्होंने गद्य नहीं लिखा, केवल कुछ अनुवाद भर किए हैं। उनका समस्त मौलिक कृतित्व मात्र कविता में है। इनमें उनकी बच्चों पर लिखी कविताएँ भी शामिल हैं। शुद्ध कवि से मेरा आशय यह भी है कि उन्होंने किसी वाद-विवाद में बँधने से इनकार किया है और वैचारिक रूप से भी उनमें एक फक्कड़पन है। यह वास्तव में एक सर्जक के लिए आत्मनिर्मित कठिन राह है, जिसके उत्तरदायित्व से वह बच नहीं सकता।

राजेन्द्र शाह की नित्य उर्वर प्रतिभा की ओर ध्यान दिलाकर अपना कथन समाप्त करना चाहता हूँ। किन्हीं अमूर्त विषयों को लेकर लगातार जीवनभर प्रभावशाली, ताजगी भरी कविताएँ लिख पाना अत्यंत प्रतिभाशाली कवि के लिए ही सम्भव है। ऐसे ही कवि रस-सिद्ध कहलाते हैं, जिनमें प्रतिभा हर क्षण नई सौन्दर्य भंगिमा में उपस्थित होती है। हर क्षण नई सृष्टि, हर क्षण नवोन्मेष लंबी यात्रा की सफलता का रहस्य है।

कविता राजेन्द्र शाह के लिए समाधि और अन्तिम विश्रांति है। 92 वर्ष की आयु में उनका नया काव्य-संग्रह आया है। जिसने अपने दुःख को मनुष्यता के दुःख पर न्यौछावर कर दिया हो और सबका दुःख अपना माना हो, उस कवि की करुणा के विस्तार की क्या कोई सीमा और उम्र होती है! वे कहते हैं :

'भाई रे, अपने दुःख का कितना जोर
नन्हीं-सी बातों पर नहीं मचाएँ शोर।'

हे भाई, अपने ही दुख को इतना महत्त्व क्यों देते हो? जीवन में अनन्त दुःख व्याप्त है, उनमें एक व्यक्ति का दुःख कितना नन्हा-सा है, इसे विराट् दुःख में विलीन करने पर तुम व्यापक प्राणिजगत का अंग हो जाते हो। बूँद समुद्र में विलीन होकर समुद्र रूप हो जाती है। इसी तरह समष्टि में लीन व्यक्ति का दुःख अपार व्याप्ति में विलीन होकर अपार हो जाता है।

शिष्ट नागरिक भाषा से नितांत ग्राम्य भाषा तक की उनकी काव्य-यात्रा में विस्तार भी है और सहजता भी। सनातन से लेकर अद्यतन की काल-यात्रा उन्हें देश की असीमता से अन्वित करती है।

राजेन्द्र शाह की कविताएँ ऐन्द्रिय हैं, उनमें भाषा, बिम्ब में उतरती है और विचित्र रूपांतरण करती है। उदाहरण के लिए एक पंक्ति दूँगा- 'दो ज्वार बीच मन में बसता समुद्र' यहाँ चाक्षुष बिम्ब है, परन्तु वह एक मानसिक बिम्ब में बदल गया है, जिससे भीतर की कश्मकश का पता चलता है। दृश्य वस्तु को अनुभव में रूपांतरित करने पर 'इन्द्रिय-संवेदन' के अजाने पट खुलते हैं। ऐसी अनेक अभिव्यंजनाओं, बिम्बों, रूपकों, सौन्दर्यानुभवों से राजेन्द्र शाह का काव्य भरा है। इनके काव्य के गहन अध्ययन से सनातन मूल्य-चेतना के साथ आधुनिक जीवन में रागात्मक साम्य और सौन्दर्य का आस्वादन मिलता है क्या इसका अनुवाद संभव है?

कोलकाता की याद

एक अकेली ज़िंदा शाम

आठ साल रहने पर भी मुझे कोलकाता की शाम एक स्वतंत्र अस्तित्व नहीं, दिन और रात के बीच बारीक फांक सरीखी लगी, क्योंकि दफ्तर बंद होते-न-होतें रात घिर आती, इसलिए शाम को मैं वहाँ तक खींचना चाहता हूँ जहाँ तक कोलकाता में शाम के आयोजन चलते हैं।

पूर्व की यह नियिति है कि सुबह और शाम दौड़कर पकड़े बिना नहीं मिलतीं और पकड़ने के बाद देर तक थामे बिना महसूस नहीं होतीं। लेकिन शरद या रवीन्द्र के नायक-नायिका की आँखों वाली शाम कोलकाता में अब कहाँ रही, वह गृहस्थिन संध्या हो गई है, संबंधों के बिना अनर्थक और संबंधों के भी क्तिने जाल कि दो-एक सिरे पकड़ने पर वह परिभाषित नहीं होती। प्रश्नों की झड़ी लग जाती है भीतर...

कौन-सी शाम ? नशे के इंजेक्शन लगाकर फुटपाथ पर लुढ़की शाम; शैम्पेन की बाँहो में थिरकती पाँच सितारा शाम; 'विक्टोरिया' के इर्द-गिर्द धुंधलके में चोंच लड़ाती गलबहियाँ डाले युवा सपनों की शाम; क्लबों,

स्वीमिंग पूलों की शाम; साहित्य संगीत, चित्र, नाटक, फिल्म की सर्जनात्मक शाम; वातानुकूलित बाजारों में इठलाती, ठगाती शाम; उस अधपगले अधेड़ की शाम जो जाने किस ज़माने से बांग्ला गीत गाता हुआ नंदन-परिसर के चक्कर लगाता अपनी जवानी कुर्बान कर चुका है; दुर्गा उत्सव, पुस्तक मेला की भीड़ भरी शाम; यह शाम—वह शाम... या इनसे परे कोई शाम। कोलकाता की शाम बहुवचनी है; एक में अनेक-मोंटाज़ (फिल्म संग्रंथन) की तरह।

अगर कहूँ कि कोलकाता का पार्श्व-राग शाम है तो ग़लत नहीं होगा। अगर शाम एक इत्मीनान है तो कोलकाता में सब इत्मीनान से होता है। शहर इत्मीनान से जागेगा, दूकानें इत्मीनान से खुलेंगी, लोग दफ्तर में आराम से जाएँगे; आराम से चलेंगे, 'शब्द' नहीं 'गल्प' बोलेंगे। बांग्ला में कुछ कहने को 'कोथा' शायद इसीलिए कहते हैं। 'आज' वाली हड़बड़ी नहीं, जो कुछ होगा 'कल होगा' - 'काल होबे'। अगर ज्यादा जिद करेंगे तो टका-सा जवाब पाएँगे- 'ना होबे'। हैरत इस बात की है कि समय जहाँ इतनी धीमी गति से चलता है, वहाँ के वासी गर्व से कहते हैं, 'कोलकाता जो आज सोचता है वह पूरा भारत कल सोचता है' 'कोलकाता जो आज करता है, पूरा भारत कल करता है।'

शाम अर्द्धनारी और अर्द्ध पुरुष है...कोलकाता भी अर्द्धनारीश्वर महानगर है। एक अंग से कम्यूनिज़्म का तांडव तो दूसरे से दुर्गा उत्सव, रवीन्द्र संगीत का लास्य-'टू इन वन!' 'भीषण शुंदर' या 'दारूण-शुंदर' जैसे विरोधाभासी शब्द-युग्म विरोधों के सामंजस्य के प्रतीक हैं या विपरीतों के मिलनोत्कर्ष के? तभी तो 'वर्ग संघर्ष' के 'भीषण' के साथ अमीरी का 'सुंदर' मज़े में मिल कर रहता है। एकओर यह गरीब नवाज़ शहर है तो दूसरी ओर कुबेरों की अलकापुरी है। गरीब भी यहाँ भरपेट जी लेता है और अमीर ऐश में छका रह सकता है। जैसे शाम दिन और रात की साँझी रंगभूमि है, वैसे ही यह नगरी सम्पन्नों ओर विपन्नों की नृसिंह फाँक है। मुझे नहीं लगता कि

सुरुचि, सौन्दर्य, कोमलता, कल्पना, प्रेम, करुणा, उदासी,शक्ति-भक्ति जैसी भाव-राशि को कोलकाता ने द्वन्द्वात्मक यथार्थवाद के दुद्धर्ष काल में भी कभी त्यागा होगा। शरद और जीवनानंद दास कभी उसके जीवन से परे धकेले न जा सके। रवीन्द्र और नज़रुल या सुभाष और रामकृष्ण की पूजा कोलकाता एक ही झांकी में बराबरी से कर सकता है। यही उसकी समाई है, तभी तो कोलकाता पूरे भारत का कोलाज़ बना हुआ है।

साँझ दो कालों और दो क्रियाओं के बीच काँपता हुआ वक्त है- धुँधलके जैसा, न स्पष्ट न अस्पष्ट। मालवा में इसे शायद इसीलिए 'धरधरी बखत' कहते हैं। आप चाहें तो हुगली के किनारे की शाम में अँधेरे और प्रकाश की थरथराहट सुन सकते हैं-बर्मन दा के संगीत की तरह। कोलकाता में यह शाम क्षणभर को ही सही पर ज़िंदा है, दूसरे महानगरों की तरह दिन-रात के दो पाटों के बीच पिस नहीं गई है। खुद कोलकाता का स्वभाव शाम की तरह लिरिकल है जहाँ चोबीसों घंटे कोई रविशंकर आरोह-अवरोह में, रौद्र-कोमल में सितार बजाता रहता है।

शाम होने पर बंगाली भला घर में कैसे बैठे? वैसे भी उसके पाँव घर में कहाँ टिकते हैं, तभी शायद घर की सजावट के प्रति वह संवेदनशील नहीं है। ज़रा-सी कोई छुट्टी हो, पूरा घर यात्रा पर निकल पड़ता है। बंगाल के लोक नाट्य 'जात्रा' शायद इसी बंगाली वृत्ति से जन्मा है और जहाँ तक साहित्यकार, कलाकार नाम के जीव का सवाल है, वह जन्म से ही 'आवारा' होता है-आवारा मसीहा! पहले वह अड्डाबाजी के लिए निकल पड़ता था, अब वैसी अड्डेबाजी संभव नहीं रही न वैसे लोग, न समय, न शहर का वह रूप! फिर भी मिलन-जुलन, सभा-समारोह, गप्प-गोष्ठी, नाट्य-नृत्य-संगीत की शामों को वह छोड़ता नहीं।

बंगाली स्त्रियाँ तो अलबत्ता खूब सजती हैं, उनमें अपना सौंदर्य और सौंदर्य-बोध जमकर है। लेकिन बंगाली पुरुष आमतौर पर सादा हरफन मौला-सा है। कोलकाता की शाम यों पुरुष-सी सादा है, परंतु पर उसके भीतर स्त्री की पायल बजती है। इसे सादगी की सुंदरता कहें तो कैसा रहे? यही शाम तो कोलकाता है

कोलकाता का पुरुष-पहनावा है धोती-कुर्ता या कुर्ता-पाजामा जो शायद उत्तर भारत के लिए घरू वेश है, बाहर का परिवेश नहीं। मैं जब भोपाल में सचिवालय में था, तो एक बार कार्यालय में कुर्ता-पाजामा पहन कर चला गया, पहुँचते ही एक व्यक्ति ने पूछा-"क्या आज छुट्टी पर हैं?" इसी लिबास में आठ साल कलकत्ता में कर्म-रत रहा, किसी ने यह सवाल नहीं पूछा। हैरत है कि बाबूगिरी सबसे पहले बंगाल में आई, लेकिन साहित्य, संगीत, कला का एक पूरा वर्ग ही नहीं, जन-सामान्य और राजनीति कर्मियों का भी एक पूरा का पूरा समाज बाबू नहीं बना, जबकि उत्तर भारत और मध्य भारत जो इस बाबूगिरी को गलियाता रहा, अपने शहरी परिवेश में सबसे पहले बाबू बन गया और अब सबसे अंत में भी बाबू ही रहा आया। बंगाल में अब भी सहज-अकृत्रिम-अनौपचारिक मनुष्यता अपना आसन जमाए है। कहना न होगा कि अब यह केवल बंगालियों की बपौती नहीं रही है। पीढ़ियों से बंगाल में रहते-रहते अबंगाली भी भाषा-भूषा-आचरण में बंगाली हो गए हैं, कहीं-कहीं तो उनसे ज्यादा।

समय की एकायामी प्रबलताओं को अपने अंतस में समोए शाम भी एक 'गोपन' का नाम है और बंगाल भी। वह भी अपने मूल्यवान को दबाए-ढांपे है; यहाँ जो कुछ भी मूल्यवान और अप्रतिम है उसे आप सतह पर नहीं पा सकते फिर चाहे वह वस्तु हो या व्यक्ति! कोलकाता का पारंपरिक और किसी हद तक वर्तमान वास्तु इसका प्रमाण है कि आप बाहर से देखने पर, भीतर खुलने वाले भव्य का अनुमान नहीं लगता सकते। यहाँ बड़ा रचनाकार, कलाकार, नेता, गुणी बाहर से आपको उतना ही दिखेगा जितना पानी में तैरते बर्फ खंड का हिस्सा दिखाई देता है। कोलकाता की शाम ऐसे ही बर्फ खंड की तरह है जिसका लगभग पूरा व्यतीत और

भवितव्य आकाश-सरोवर में डूबा हुआ है, सिर्फ परत के नीचे झलकता हुआ।

कभी-कभी सोचता हूँ कि कोलकाता पर लिखी प्रायः सभी कविताएँ उसकी प्रशंसा और समर्थन में क्यों लिखी गई हैं, जबकि दिल्ली पर लिखी कविताओं में दिल्ली के प्रति तल्खी, आशंका, भय और निंदा भाव है? शायद इसलिए कि दिल्ली में शाम की उतनी फांक भी नहीं है जहाँ शहर का उजाला और अँधेरा समोया जा सके।

•••